Bärbel Kießling

Die Kindsmagd

Zum Buch

„Die Kindsmagd" schildert das Leben meiner Großmutter Anna Spitzer, die 1888 geboren wurde. Sie ist aufgewachsen in einer Kleinbauernfamilie in Tirol, ohne Chance auf eine Schulbildung und ohne Aussicht auf eine andere Arbeit als die einer Bauernmagd. Schon mit zwölf Jahren musste sie als Kindsmagd ohne Lohn bei einem Bauern arbeiten. Davon erzählt das Buch im ersten Teil.

Zum Verständnis meiner eigenen Geschichte als Kind wird im zweiten Teil kurz auf die Kriegswirren in Berlin eingegangen, die meine Eltern durchleben mussten.

Der dritte Buchabschnitt beschreibt meine ersten Lebensjahre bei meiner Großmutter in Tirol und wie prägend diese Frau für mein ganzes Leben war. Hier wird auch der Arbeitsalltag im damaligen bäuerlichen Leben beschrieben.

In Reit im Winkl beginnt für mich – damals 6 Jahre alt – ein neuer Lebensabschnitt bei meinen Eltern.

Im Teil – „Was meine Oma mit einfachsten Mitteln auf den Tisch brachte" – habe ich die überlieferten Rezepte aufgeschrieben.

Bärbel Kießling

Die Kindsmagd

Die Kindsmagd
Kriegswirren in Berlin
Ein Leiterwagen voll Geborgenheit

Das Buch schildert Erlebnisse und Erfahrungen aus früher Kindheit der Autorin in der Zeit von 1942 bis 1949. Manche Namen wurden aus Gründen der Privatsphäre geändert.

Originalausgabe
© 2021 Bärbel Kießling
2. Auflage

Herstellung und Verlag
BoD – Books on Demand Norderstedt

Umschlagdesign und Gestaltung:
Artemino Design GmbH
Die Rechte an Texten und Bildern
liegen bei Bärbel Kießling.

Dieses Buch ist auch als E-Book erhältlich
ISBN 978 37 5434 81 54

Bibliografische Information der Nationalbibliothek:
Die Deutsche Nationalbibliothek verzeichnet diese Publikation in der Deutschen Nationalbibliografie; detaillierte bibliografische Daten sind im Internet unter
http://dnb.ddb.de abrufbar.

Inhalt

Die Autorin

Bärbel Kießling, geboren in den Kriegswirren 1942 in Berlin zwischen Fliegeralarm, Bombenangriffen und Luftschutzkeller. Nachdem sie von ihrer Mutter, die an der Charité in Berlin unabkömmlich war, in Sicherheit gebracht wurde, wuchs sie bei ihrer Großmutter in Tirol auf.

Die Autorin schildert Eindrücke aus ihren ersten Lebensjahren, teils aus erstaunlich präsenten Erinnerungen, teils aber auch aus Erzählungen der Großmutter und Dritter und noch vorhandener Fotos aus dieser Zeit.

Eine zentrale, prägende Rolle spielt dabei das Leben ihrer Großmutter, Anna Spitzer, die in kleinbäuerlichen Verhältnissen geboren wurde und eine arbeitsreiche Kindheit und Jugend durchlebte. Die Autorin erzählt von schwierigen Lebensverhältnissen zur damaligen Zeit und schildert eindrucksvoll, wie dieser Frau ganz plötzlich eine neue Rolle zukam, in der sie entscheidend für die Lebenseinstellung der Autorin wurde.

Dieses Büchlein
widme ich meiner Tochter Birgit
und meinen Enkelsöhnen
Henrik und David

Im Andenken
an meine Großmutter Anna Spitzer

Vorwort

Ich versuche, Epochen aus dem Leben meiner Großmutter Anna Spitzer zu beschreiben, die 1888 in einem kleinen Dorf in Tirol in ein Kleinbauernmilieu hinein geboren wurde. Das Leben als Magd war vorgezeichnet ohne Aussicht auf eine fundierte Schulbildung. Mir ist wichtig, die Stärke dieser Frau zu schildern, ihre Art, das Leben zu meistern, mit fundamentalen Problemen umzugehen und trotzdem Wärme und Güte weiterzugeben.

Ich wage einen Rückblick über mehr als sieben Jahrzehnte auf meine ersten Lebensjahre mit allen Ereignissen, an die ich mich oft sehr gut erinnern kann, die mir von Angehörigen weitergegeben wurden oder die zum Teil in alten Fotoalben belegt sind. Dabei erhebe ich nicht den Anspruch auf völlige Richtigkeit, Sachlichkeit und Chronologie, sondern bestimmend sind vor allem emotionale Befindlichkeiten und aus meiner Sicht prägende Erlebnisse, Eindrücke und Begegnungen.

Viele Geschichten basieren auf Erzählungen meiner Großmutter, bei der ich auch in späteren Jahren häufig meine Schulferien verbrachte.
An vieles, das vor 80 Jahren geschehen ist, kann ich mich noch erstaunlich gut erinnern, manche

Ereignisse kamen erst beim Schreiben wieder in mein Bewusstsein. Es gäbe sicher noch viel mehr zu erzählen, aber da ist doch einiges vergessen, verblasst oder nur noch ungenau vorhanden.
Gegen das Vergessen schreibe ich heute diese Zeilen. Ich widme dieses Büchlein mit meinem persönlichen Bericht meiner Tochter Birgit und meinen Enkelsöhnen Henrik und David.

Ich schildere meine ersten Lebensjahre in einer schweren Zeit von 1942 bis etwa 1950. Die bewegten Jahre hatten jedoch dann noch kein Ende, aber das sind andere Kapitel meines Lebens.

In diesen Zeiten des 2. Weltkriegs wurde ich wohl ganz entscheidend geprägt im Zusammenleben mit meiner Großmutter Anna Spitzer. Sie wurde schon mit 36 Jahren Witwe, hatte nur eine geringe Pension von ihrem früh verstorbenen Mann und musste dann als Magd auf einem tiroler Bauernhof für ihren Lebensunterhalt selbst sorgen.
Und plötzlich war auch noch ich da!

Soviel voraus: Meine Oma hat mich nicht erzogen, sondern mir vorgelebt, mich immer als einen vollwertigen Menschen genommen und geachtet. Sie hat nie geschimpft, gezetert, lamentiert oder gejammert, obwohl sie sicher aus vielerlei Gründen genug Anlass dazu gehabt hätte. Ihr ruhiges, ausgeglichenes Wesen habe ich erst sehr viel später voll erkannt und schätzen gelernt.

Teil 1

Die Kindsmagd

Es ist noch gar nicht so lange her, etwa 130 Jahre

In Österreich regierte Kaiser Franz Josef I., Sissi war Kaiserin von Österreich und Ungarn, in Deutschland sprach man vom „Drei-Kaiser-Jahr", und in Frankreich malte Vincent van Gogh seine Sonnenblumen. 1879 entwickelte Thomas Edison die erste Glühbirne, aber es dauerte noch fast ein halbes Jahrhundert, bis viele Häuser elektrisches Licht bekamen. Der Tagesablauf war bestimmt vom Rhythmus der Natur. Das bedeutete im Sommer Arbeitsbeginn, wenn es hell wurde, und Arbeitsende, wenn die Nacht kam. Wenn es dunkel wurde, behalf man sich mit Kerzen, in Stall und Tenne mit Laternen oder in der Stube mit einer Petroleumlampe, die einen großen gläsernen Zylinder hatte und bei unsachgemäßem Gebrauch fürchterlich rauchte und stank; schlimme Brände waren so fast an der Tagesordnung.

1886 entwickelte Carl Benz den ersten Motorwagen, das war die Geburtsstunde des ersten Autos. Aber damals musste man noch weite Strecken zu Fuß zurücklegen. Wenn man betuchter war oder

Glück hatte, konnte man mit einem Fuhrwerk fahren oder auf einem Pferd reiten, aber das war mehr das Privileg der Oberschicht.

1861 präsentierte der 27-jährige Philipp Reis in Frankfurt am Main erstmals einen Apparat, der Sprache mit Hilfe des elektrischen Stroms in die Ferne übertragen konnte - er nannte ihn "Telephon", also Fernsprecher.

Gut fünf Millionen Menschen verließen Europa zwischen 1850 und 1934 über den Hamburger Hafen. Das Ziel dieser Auswanderer war unter schweren Bedingungen und nach einer mühseligen Überfahrt die "Neue Welt", Amerika.

Otto Lilienthal führte einen Erstversuch mit einem Flugapparat durch.

Die ersten „Frauenvereine" entstanden, ohne dass sie für die Rechte der Frauen viel bewirken konnten.

Dies alles interessierte die „kleinen Leute" im Land wenig. Sie hatten mit dem täglichen Alltag, mit dem Überleben, zu tun und mussten zusehen, dass ihre Familie ernährt werden konnte, hatten mit Krankheiten, Kinder- und Wochenbettsterblichkeit zu kämpfen. Geld für Kleidung, Schuhe oder Schule war kaum vorhanden.

In diese Zeit hinein wurde Anna Dagn geboren, die später meine Großmutter werden sollte.

Anna Spitzer, geb. Dagn

Anna Dagn, wurde am 6. März im Jahr 1888 in Schwendt in Tirol in einem kleinen Bauernhof als erste Tochter von 11 Kindern geboren.

Der Vater Georg Dagn, Bauer zu Einschneit in Schwendt, und die Anna Widauer bewirtschafteten den kleinen Bauernhof. Es kamen bald 11 Kinder, und es reichte für die große Familie gerade so zum Überleben. Viele Kinder zu haben, war begründet in der hohen Kindersterblichkeit und in der Notwendigkeit, durch den Nachwuchs die Arbeitskräfte auf dem Bauernhof zu sichern, um eines Tages im Alter selbst versorgt zu sein.

Im Stall stand eine Kuh für die tägliche Milch (die Kuh wurde auch als Zugtier gebraucht), eine Geiß, ihre Milch war wichtig für die Säuglingsernährung, ein Schwein, dazu ein paar Hühner. Der Acker gab gerade genügend Kartoffeln zum Überleben und so viel Getreide, dass das Weizen- und Roggenmehl übers Jahr reichte.

Anna Dagn, geb. Widauer,
Mutter meiner Großmutter

Die kleine Anna, die älteste Tochter der Anna Dagn, musste schon bald auf dem Bauernhof mithelfen, ihre Geschwister wickeln und versorgen, jeden Tag die Stube kehren, die Hühner füttern und, und, und...

Für einen Schulbesuch fehlte das Geld und die Zeit und überhaupt war das auch gar nicht nötig: „... eine Magd braucht keine Schule". Für ein

Mädchen aus einem Kleinbauernhof gab es keine andere Verdienstmöglichkeit, vielleicht wäre noch eine Anstellung als Bedienung möglich gewesen. Ein Bauernsohn heiratete keine Magd, da wurde schon darauf geschaut, dass auch „Sach zu Sach" kam.

Als Kindsdirn beim Lederer in Kössen

In Kössen war Lichtmess-Markt. Der Dagn-Bauer traf den Lederer-Bauern. So im Gespräch sagte der Lederer, seine Frau Marie habe gerade das 12. Kind geboren und er suche eine Kindsmagd. „Woast ma koane?" Da meinte der Georg Dagn „Was zahlst ma denn?" Die beiden wurden sich einig, und der Dagnbauer entschied: „Da schick ich dir unsere Anna, die hat zwoa rechte Händ, ist flink und gscheit".

So wurde die Anna im Alter von 12 Jahren als „Kindsdirn" nach Kössen zum Ledererbauern geschickt, und auf dem Dagnhof war eine Esserin weniger.

Zuhause packte die 12jährige Anna Ihre Sachen. In ihr Kopftuch wickelte sie ihr Sonntagsgwand, ihre Sonntagsschuhe und ihr Gebetbuch zu einem kleinen Bündel. Sonst hatte sie nichts zum Anziehen, außer ihrem Werktagsgwand.

Doch! Als Besonderheit hatte sie noch einen kleinen gebrauchten Schemel aus Holz dabei, den ihr in Schwendt ihre Mutter mitgegeben hatte.

Schemel der Anna Widauer

Die Widauerin wusste wohl, warum sie ihrer Tochter diesen Schemel mitgab. Anna war für ein Mädchen mit 12 Jahren sehr klein, und als Kindsmagd brauchte sie diesen Schemel dringend. Sie musste sich oft auf den Schemel stellen. Sie nützte ihn, um das Essen im Topf auf dem Herd umzurühren, um die Milch für die Kinder zu wärmen, Grießbrei zu kochen, Kartoffeln aufzusetzen, um zur Abwaschschüssel hochzureichen, Wäsche zum Trocknen an die Holzstangen über dem Herd zu hängen und, und, und…

Dieser kleine Schemel begleitete meine Oma ihr ganzes Leben. Auch in Gasteig war dieser Schemel bis ins hohe Alter täglich dabei. Beim Stricken stellte sie die Füße darauf ab und wenn sie aus dem Küchenbord oder aus der Vitrine etwas holen musste, brauchte sie diesen Schemel. In ihrem letzten Pass steht: Körpergröße: 1,46 m!

Dieses kleine Möbelstück existiert heute noch! Es ist handwerklich sauber gearbeitet, mit vier eingesetzten schrägen Beinen und wurde von meiner Oma später mit himmelblauer Farbe gestrichen. Auf der Sitzfläche ist in schöner Schnörkelschrift der Mädchenname ihrer Mutter eingeschnitzt: „Anna Widauer". Dieser Schemel dürfte also etwa um 1830 entstanden sein.

Beim Lederer in Kössen gab es mit den 12 Kindern viel Arbeit für eine Kindsdirn und für einen Schulbesuch blieb keine Zeit. Aber es war nicht nur die Arbeit mit den Kindern, wie wickeln, anziehen, auf den Topf setzen, Flasche wärmen oder Brei kochen und füttern, sondern noch viel Arbeit im Haus und auf dem Feld.

In aller Früh, bevor alle aufgestanden waren, musste Anna, den Ofen schüren, Feuer machen und das gusseiserne Wasserschaff am Ofen auffüllen. Die Stube war täglich mit dem Besen auszukehren und einmal im Monat scheuerte die Anna auf den Knien mit Wurzelbürste und Kernseife den Holzboden.

Die Lederer-Bäuerin freute sich über das Kommen der Anna und begrüßte sie herzlich. Die Lederer-Maria war etwa 35 bis 40 Jahre alt, dünn und sah etwas krank aus, was ja auch kein Wunder war bei 12 Geburten.

Die Bäuerin zeigte der Anna ihre Kammer unter dem Dach.

Die Mägde und Knechte hatten damals meistens eine Kammer unter dem Dach, vielleicht noch mit einer kleinen Dachluke als Fenster und Lüftung. Es war dort oben im Sommer unerträglich heiß und im Winter lag zuweilen der Reif auf der Bettdecke.

Die Anna legte ihr Bündel auf den Strohsack, stieg die hölzernen Stufen hinab und wollte sich um die Kinder kümmern. Aber unten empfing sie der Lederer-Bauer, drückte der Anna einen Blecheimer in die Hand und schickte sie aufs Feld zum Steine klauben. Bevor im Frühjahr mit dem Pflügen begonnen wurde, musste der Acker von den Steinen gesäubert werden, weil diese beim Pflügen die Pflugschar beschädigen würden. Den gefüllten schweren Blecheimer schleppte sie dann zum Feldrand, um ihn auszuleeren. So hatte sie am Abend einen großen Haufen Steine vom Feld geklaubt, und der Rücken schmerzte vom Bücken und Schleppen.

Wenn geheut wurde und Regen angesagt war, wurde das Gras schnell auf Hiefl*[12] geladen. Auch da musste die Anna tüchtig mithelfen. Anschließend war es Annas Aufgabe, die Wiese mit einem breiten Rechen abzugehen und alle übrig gebliebenen Grashalme zusammenzurechen.

Auch auf dem Kartoffelacker war sie tüchtig im Einsatz. Im Frühjahr sollten die Saatkartoffeln einzeln in die Furchen gelegt werden, im Sommer war zwischen den Kartoffelzeilen mit einer Hacke die Erde zu lockern und das Unkraut zu jäten. Im Herbst, wenn die Kartoffeln reif waren, wurden sie mit einem Pflug, der beim Lederer-Bauern von einem Pferd über den Acker gezogen wurde, aus der Erde geholt (Viele Bauern hatten kein Pferd, dann zog ein Ochse oder eine Kuh den Pflug). Meist blieben aber noch einige Kartoffeln in der Erde zurück, diese grub der Bauer dann mit einer breiten mehrzinkigen Kartoffelhacke aus, und die Anna musste sie aufklauben und in einem Korb sammeln. Beim Kartoffelklauben half auch der 10-jährige Sohn Matthias und zusammen schleppten sie die schwergefüllten Kartoffelkörbe zum bereitstehenden Wagen. Vom vielen Bücken und Körbeschleppen konnte sie sich am Abend vor Rückenschmerzen kaum mehr rühren. All das musste die Anna neben der üblichen Arbeit als Kindsmagd erledigen.

Nur in den Wintermonaten konnte Anna an wenigen Tagen in die Schule gehen, denn da war in der Landwirtschaft weniger zu tun. In Österreich gab es zu dieser Zeit noch keine Schulpflicht, die Kinder wurden auch nicht nach Geburtsjahrgängen registriert und erfasst. So konnte nicht kontrolliert werden, ob ein Kind eine Schulbildung bekam. Und das war auch bei anderen Bauernkindern ähnlich; sie konnten meist nur im Winter in die Schule gehen, wenn sie bei der Arbeit nicht gebraucht wurden.

Ein paar Winter muss meine Oma dann aber doch in der Schule gewesen sein, denn sie konnte lesen und in schöner Sütterlin-Schrift schreiben.

Beim Lederer in Kössen blieb die Anna zwei Jahre. Am 6. März wurde sie 14 Jahre alt und ab jetzt hätte sie Anspruch auf einen Lohn gehabt, sei es ein paar Kronen oder an Maria Lichtmess ein Paar Schuhe, ein Tuch oder einen Kleiderstoff. Aber ein paar Tage vor Maria Lichtmess im Februar sagte der schlaue Lederer: „In der nächsten Woch'n gehst wieder zurück nach Schwendt".

So musste die Anna ihre Sonntagsschuhe, das Sonntagsgwand, ihr Gebetbuch und ihren Schemel in ein Bündel packen und ging dann ohne Lohn den Weg von Kössen nach Schwendt zurück in ihr Elternhaus.
Als mir meine Oma diese Geschichte erzählte, hat mich das wegen der Ungerechtigkeit sehr bewegt.

Als Magd auf dem Staudacher-Hof

Es war wieder Markttag, diesmal in Sankt Johann. Wie der Dagn-Bauer so über den Markt geht, spricht ihn der Schmuser*13 an. „Hast net a Dirndl für a Magd?" „Ja, scho", antwortet der Dagn-Bauer. „Der Staudacher-Bauer sucht a

Magd". „Da hätt ich unsere Anna, a saubers, flei-
ßiges Dirndl und melken kanns auch", sagt der
Dagn-Bauer, und der Schmuser schlägt schnell
ein. „Dann schickst mir das Dirndl am nächsten
Sonntag nach Sankt Johann, und nach dem Got-
tesdienst hol ich sie vor der Kirche ab."
So hat die Anna wieder ihr Sonntagsgwand, ihre
Sonntagsschuhe, ihr Gebetbuch und ihren Schemel gepackt. Früh am Sonntagmorgen ist die
Anna dann über Griesenau, vorbei an der Teufelskapelle, über Gasteig allein den Weg nach
Sankt Johann gelaufen. Nach 5 Stunden kam sie
in Sankt Johann an und wartete auf den Kirchen-
stufen auf den Schmuser. Der kam mit dem Pferdefuhrwerk und brachte die Anna auf den Staudacher-Hof. Natürlich hat der Schmuser vom
Staudacher für seine Dienste ein paar Kronen erhalten.

Nach vier Jahren auf dem Staudacherhof, als sie
gerade 18 Jahre alt war, merkte die Anna eines
Tages, dass mit ihr irgendetwas nicht stimmte.
Ihr Bauch war straff und gespannt und allmählich
wurde er dicker und dicker. Sie war schwanger.
Jede Nacht war der Staudacher die steile, knar-
zende Stiege hinauf in die Dachkammer zur
Anna gestiegen: „Dirndl, geh her und stell dich
net so an!".

Wie das damals so war, niemand hatte das Dirndl aufgeklärt. Diese nächtlichen Besuche, meinte sie, erdulden zu müssen, weil es der „Bauer" war und der hatte das Recht auf alles. An ihrer Kammer befand sich kein Schloss und kein Riegel, mit dem sie hätte absperren können. Sie war wehrlos. Und sie konnte sich auch niemandem anvertrauen; man hätte ihr auch nicht geglaubt.

Die Staudacherin muss das Treiben ihres Mannes sicher mitbekommen haben, aber sie war vielleicht ganz froh, dass sie vom Staudacher ein wenig ihre Ruhe hatte, denn 9 Kinder sprangen schon auf dem Bauernhof herum.

Nun aber war das Gezeter der Bäuerin groß:
„Des Dirndl kriegt an ledigen Bankert, so a Schand, so a Schand, und akkurat auf unserm Hof! Scham di wos! Jetzat packst gaach dei Sach und schaust, dass d`verschwindst; hau ab!"

So musste die vom Bauern schwangere Anna also vom Hof.
Schnell hatte sie ihr kleines Bündel gepackt, ihr Sonntagsgwand, ihre Sonntagsschuhe, ihr Gebetbuch, nahm ihren kleinen Schemel und verschwand schwanger vom Staudacherhof.

Georg

Als Zufluchtsort blieb nur ihr Elternhaus in Schwendt. Und ihre Mutter, die Anna Dagn, fing auch an zu jammern:
„Naa, naa, jetzt kriegt des Diandl an ledigen Bankert, so a Schand, so a Schand, scham di wos!"

Und die 18jährige Anna war unglücklich und schämte sich!

In ihrem Gebetbuch habe ich später auf einem zerlesenen, abgegriffenen Zettel das Reuegebet gefunden, das die Anna wohl zigmal gebetet hat:

„Mein Gott! Es ist mir von Herzen leid
und reut mich über alles, dass ich gesündigt
und dich, meinen gerechten Richter, den besten
Vater und liebevollsten Erlöser, das höchste und
liebenswürdigste Gut, so sehr und so oft
beleidigt habe. Ich hasse und verabscheue meine
Sünden und nehme mir ernstlich vor, alle meine
Sünden und bösen Gelegenheiten zu meiden
und dich, o mein Gott, nicht mehr zu beleidigen.
Gib mir die Gnade zur Erfüllung dieses
meines Vorsatzes.
Amen."

Das Gebetbuch von 1899

In ihrem Elternhaus in Schwendt brachte sie dann am 28. April den kleinen Georg zur Welt. Eine Geburt im Krankenhaus gab es damals noch nicht, man hätte es sich auch gar nicht leisten können.

Die Entlohnung der Dienstboten, der Knechte und Mägde erfolgte zu dieser Zeit stets an Maria Lichtmess. Das war in Österreich so und auch in Deutschland. An Lichtmess, im Februar, wechselten die Dienstboten oft ihre Herrschaft, das heißt, es wurden Bedienstete, Knechte und

Mägde ausgestellt und auch neue Arbeiter einge-
stellt. Der Bauer bezahlte ein paar Kronen in
Geld, dazu gab es ein Paar Schuhe, ein Sommer-
und ein Winterkopftuch, sechs Meter Stoff für
ein Sonntagskleid und dazu ein Werktagsgwand.
Maria Lichtmess war also ein wichtiger Termin
für die Bauersleute und das Personal. Wer allerdings innerhalb des Jahres den Dienst kündigte,
das heißt, seinen Arbeitsplatz aufgab, hatte keinen Anspruch auf seinen Jahreslohn. Das war un-
geschriebenes Gesetz.

Und genau so erging es – wie gesagt – der Anna.
Sie bekam damals vom Bauer Staudacher keinen
Lohn.

Jahrzehnte später – als der Georg längst verheiratet war und selbst 3 Kinder hatte - bekannte sich
der Staudacher-Bauer zu seinem Sohn und zu seinen Enkelkindern.
Welche Konsequenzen dieses Eingeständnis
hatte, habe ich von meiner Oma aber nicht mehr
erfahren können.

Die junge Anna Dagn

Beim Moosbauer in St. Johann

Nur 14 Tage nach der Geburt des kleinen Georg kam der Bauer vom Moosbauern-Hof aus St. Johann mit seinem Pferdefuhrwerk in Schwendt

23

vorbei. Er suchte gerade eine Dirn, eine Magd, und nahm die Anna gleich mit.

Die Anna packte ihr Bündel, ihr Sonntagsgwand, ihre Sonntagsschuhe, ihr Gebetbuch, ihren kleinen Schemel und setzte sich zum Moosbauern aufs Fuhrwerk. Der kleine Georg musste zurück bleiben.

So konnte der Bub nicht mehr gestillt werden, aber das interessierte eigentlich niemand, das war normal. Elisabeth, „s'Lisei", die jüngere Schwester der Anna, fast selbst noch ein Kind, musste sich dann daheim um den kleinen Georg kümmern, und er bekam von nun an die Flasche. Auf jedem Bauernhof wurde eine Geiß gehalten, und so bekam der kleine Bub Ziegenmilch, denn Kuhmilch hätte der 14 Tage alte Säugling nicht vertragen.

Als die Lisei 12 Jahre wurde, war der kleine Georg gerade mal 1 Jahr alt. Es war Zeit, dass die Lisei als Kindsmagd zu einem Bauern gegeben wurde, und für den Georg war kein Platz auf dem Bauernhof in Schwendt. So musste seine Mutter, die Anna, eine Pflegestelle für ihren kleinen Sohn suchen. Sie fand eine gütige Bäuerin in Fieberbrunn, musste aber von ihrem Lohn als Magd die Pflegestelle bezahlen. Meine Cousine

Greti, die jüngste Tochter von Georg, erzählte mir, dass es der kleine Georg bei seiner Pflegemutter gut hatte und er später Zimmermann lernte. Ich habe ihn leider nicht mehr kennengelernt. Er starb schon mit 37 Jahren.

Sterbebild Georg Dagn

Beim Moosbauern

Josef Spitzer

Josef Spitzer

1909 lernte die Anna den Josef Spitzer kennen. Er war ein schneidiger, großer Mann mit schwarzem Schnauzbart, geboren am 24. Januar 1885 in Bischofshofen bei Salzburg.

Er arbeitete bei der Österreichischen k & k (kaiserlich-königlichen) Staatsbahn zuerst als Tagelöhner, dann als Streckenwärter und später als Schrankenwärter.

Auf einer Bescheinigung zur Abrechnung der k. k. Staatsbahn Innsbruck vom 31. August 1901 wird dem Josef Spitzer, Oberbauarbeiter, ein Tageslohn von 2 Kronen 60 Heller zugewiesen. Ab 1. Juli 1902 wurde er zum Schrankenwärter befördert mit einem Jahresgehalt von 900 Kronen, wovon damals eine Familie solide leben konnte.

Als Schrankenwärter hatte er eine verantwortungsvolle Aufgabe. Er musste die Schranken auf der zweigleisigen Bahnstrecke Innsbruck-Salzburg bedienen, auf der schon damals ziemlicher Zugverkehr herrschte. Seine Dienstzeit war nicht begrenzt auf eine Tages- oder Nachtzeit, sondern er musste rund um die Uhr einsatzbereit sein. Wenn ein Zug vorbeifuhr, musste er immer vor seinem Schrankenwärterhaus stehen und den Lokführer grüßen, so war gewährleistet, dass beim Schrankenwärter aber auch beim Lokführer alles in Ordnung war. Urlaub, dieses Wort gab es damals in dieser Position wohl noch nicht. So kurbelte der Josef Spitzer tagaus tagein die Schranken herunter und wieder hinauf, 365 Tage im Jahr.

Anna Dagn, 21 Jahre

Post vom Josef Spitzer an die Anna

St. Johann in Tirol

am 15/5 09

Liebe Anna 1909

In allen meinen Anfügen
grüße ich Dich Herzlich und
Ich hoffe das wenn schreiben
Dich in der besten Gesundheit
Antreffen werden! —

Liebe Anna

Ich gebe Dir bekannt das ich heute
bei der Mutter Maria und mir
gesagt das ich dir schreiben soll
das die Mutter bei deinem Peter
Maria und aller Sonntag arbeit
der Vater noch nicht Sonntag haben
und das der kleine Schon 7 Zähne
hat und die bei einem aufschlag

Heirat und Geburt der Tochter Anni

Der Josef und die Anna heirateten am 15. November 1909, da war meine Großmutter 21 Jahre, der Josef 24 Jahre. Sie wohnten in der Dienstwohnung des Schrankenwärters in St. Johann/Tirol. Am 4. April 1910 kam dann ihre Tochter Anni, meine Mutter, zur Welt.

Anna und Josef Spitzer,
Hochzeit am 15.11.1909

Die Krankheit

Schon als sie sich kennenlernten, hatte der Josef ständig hartnäckigen Husten, was man aber damals nicht ernst nahm, es war halt so. Für einen Arzt hatte man kein Geld und als man bemerkte, dass der Josef Tuberkulose hat, war es fast schon zu spät. Er war dann einige Zeit in Innsbruck in der Lungenheilanstalt, aber die Krankheit war wohl nicht mehr zu heilen. Er starb im Alter von nur 42 Jahren 1927 in St. Johann.
Während der Zeit in der Klinik übernahm seine Frau Anna Spitzer den Dienst als Schrankenwärter, so lief wenigstens das Gehalt weiter, denn eine Lohnfortzahlung bei Krankheit gab es damals noch nicht.

Als Josef Spitzer starb, war die Anna erst 36 Jahre, die Tochter Anni, also meine Mutter, 17 Jahre alt. Die Anna wurde von der Österreichischen Staatsbahn aufgefordert, das Bahnwärterhaus zu räumen.

So packte sie ihr Sonntagsgwand, ihre Sonntagsschuhe, nahm ihren kleinen Schemel und wusste nicht, wohin sie gehen sollte. Die kleine Witwenrente der Staatsbahn reichte nicht aus, um zu überleben. Und für ihr Kind musste sie eine Bleibe finden…

Tochter Anni in Salzburg

Die 17-jährige Tochter Anni wurde vom „Basei", einer Schwester von Josef Spitzer, in Salzburg kostenlos aufgenommen.

Die Verwandtschaft in Salzburg

Die Basei in Salzburg hatte sechs Töchter, Resi, Anni, Susi, Elisabeth, Maria und Steffi. Meine Mutter hat manchmal erzählt, dass sie es nicht leicht hatte in dieser Familie. Sie war immer die Fremde und Geduldete.

Die Resi und die Elisabeth haben schon sehr früh geheiratet, die Salzburger Anni wurde Franziskaner-Nonne im Kloster Reutberg, die Susi war

Schneiderin am Salzburger Festspielhaus, die Steffi wurde Hebamme.

Meine beiden Tanten Susi und Steffi wohnten später in Salzburg am Mayburger Kai, direkt an der Salzach. Später in den Ferien durfte ich sie manchmal besuchen.

Eine schöne Erinnerung habe ich in dieser Zeit an eine große Truhe, die im Arbeitszimmer meiner Tante Susi neben einer Nähmaschine stand. Wenn ich den Deckel dieser schweren Holztruhe öffnete, war es, als öffnete ich eine Schatztruhe. Dort fand ich eine riesige Menge Stoffreste und Abschnitte von den Theaterkleidern aus dem Festspielhaus. Da waren herrliche Stoffe mit Goldfäden, anschmiegsamer Samt in satten Rot- und Blautönen, bunte leichte Stoffe, zarte Spitzen und ganz dicke, schwere, gewebte Brokatteile. An dieses Kramen in der Restekiste, an dieses Fühlen der verschiedenen Stoffe erinnere ich mich noch sehr gut und gern. Ich legte mir die Stoffe über die Schultern, band sie mir um die Hüften und fühlte mich wie eine Prinzessin oder Königin.

Tochter Anni geht ins Leben

Meine Mutter erhielt in Salzburg eine Lehrstelle zur Ausbildung als Weißnäherin.

Heute ist dieser Beruf der Weißnäherin ausgestorben. Eine Weißnäherin kam meist auf den Bauernhof, nähte dort für die Braut die Aussteuer, die aus weißen oder karierten, vielfach handgewebten Stoffen bestand, wie Bettwäsche, Handtücher, Tischdecken, Laken.
Meine Mutter hatte damals einen Freund, der in den Kalkkögeln bei Innsbruck beim Klettern tödlich abgestürzt ist.
„Jetzt hält mich nichts mehr in Österreich", dachte sie wohl und suchte sich eine Anstellung als Kindermädchen in Hoek van Holland *4)
Ich finde das ganz schön mutig von einer jungen Frau in der damaligen Zeit, doch Details weiß ich nicht.

1935 ging sie dann nach Berlin, absolvierte eine Ausbildung zur Rot-Kreuz-Krankenschwester, machte ihr Examen und arbeitete in der Charité als OP-Schwester.

Dort lernte sie später - sicher mehr zufällig - auch meinen Vater, Willy Hintze, kennen, der mit einer Blinddarmoperation behandelt wurde.

Ein neuer Anfang für Anna Spitzer in Gasteig

Gasteig, bei St. Johann in Tirol

Beim Aignerbauern in Gasteig fand meine Oma, die Witwe Anna Spitzer, eine neue Arbeitsstelle als Magd. Aber Platz zum Wohnen war beim Aignerbauern nicht. Vielleicht wollte die Anna Spitzer aber auch gar nicht im Haus wohnen, wo sie als Magd arbeitete, eventuell auch, weil sie schlechte Erfahrungen mit dem Bauern Staudacher gemacht hatte. Oder sie dachte, dass sie nie einen Feierabend haben würde, wenn sie im selben Haus wohnte, in dem sie auch arbeitete. Möglicherweise wollte sie sich einfach ihre Selbstständigkeit erhalten.

Die Rettenmoser Moidl (Maria), eine Witwe und Bekannte meiner Oma, besaß in Gasteig ein großes Haus. Sie überließ der Anna Spitzer im ersten Stock ein kleines Zimmer. So zog Anna also nach dem Tod ihres Mannes Josef vom Bahnwärterhaus in St. Johann nach Gasteig.

Hier ging sie täglich zum Aignerbauern als Magd. Das waren täglich zwei Kilometer Anmarsch und manchmal musste sie noch vor dem Morgengrauen losgehen, um Gras als Futter fürs Vieh zu mähen. Gemäht wurde mit der Sense, und meine Oma beherrschte die Technik vollkommen. Sie konnte sogar die Sense dengeln, das heißt, mit einem Hammer auf einem Dengelbock die Schneide der Sense dünn und scharf klopfen.

Beim Aignerbauern in Gasteig

Teil 2

Kriegswirren in Berlin

Zum Verständnis

Mein Vater, Willy Hintze, war Berliner.

Meine Mutter, Anni Hintze, geborene Spitzer, war Österreicherin.

Sie machte in den 40er Jahren in Berlin eine Ausbildung als Rot-Kreuz-Schwester und arbeitete, wie bereits erzählt, dann als OP-Schwester in der Charité in Berlin.

Aus dieser Situation – Österreicherin die Mutter, Berliner der Vater und der 2. Weltkrieg - ergaben sich die Entwicklungen, Ereignisse und Wirrnisse der nachfolgenden Zeit und auch in meinem Leben.

Anni Hintze, geb. Spitzer, vor der Charité in Berlin

Anni Spitzer, geb. 4. April 1910, meine Mutter

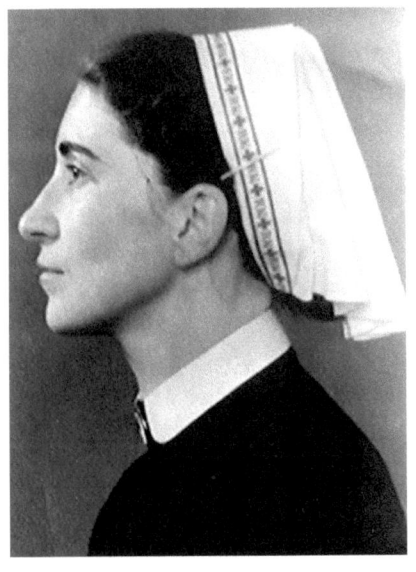

Willy Hintze, geb. 7. März 1914

Willy Hintze, mein Vater, war das dritte Kind von Rosa und Alfred Hintze. Alfred Hintze, also mein Großvater, war Angestellter bei der Deutschen Bank in Berlin.

Von den drei Kindern der Familie wurde der Erstgeborene, Günter, Studienrat mit Schwerpunkt Geschichte, speziell mit dem Fach Archäologie. Ruth konnte das Realgymnasium besuchen und heiratete sehr bald den Kaufmann Werner Dannenberg. Das Nesthäkchen Willy konnte damals keine höhere Schulbildung mehr bekommen, denn nach dem Ende des Ersten Weltkriegs 1918 war die Not groß. Willy war auch mehr ein Praktiker als ein Theoretiker wie Günter und so kam er in die Lehre zu einem Schlosser, der jedoch mehr ein Kunstschmied war und von dem mein Vater viel gelernt hat.

Sein Leben lang hat mein Vater wunderschöne Fenster- und Gartengitter, kunstvolle Leuchter, Treppengeländer für viele Leute geschmiedet. Er war ein sehr kreativer Mensch mit viel Ausdauer und konnte aus jedem Fundstück etwas Neues schaffen. Von ihm habe ich sicher meine kreative künstlerische Neigung geerbt.

Er hat mir folgende Begebenheit aus seiner Lehrzeit erzählt: Als Lehrling in dieser Schlosserei in Berlin haben ihm seine Kollegen einmal einen Streich gespielt. Sie nahmen von seinem Pausenbrot die Käsescheibe herunter und vertauschten sie mit einer Scheibe Seife. Hungrig biss mein Vater da hinein! Dieses Ereignis war für ihn so prägend, dass er sein Leben lang keinen Käse mehr angerührt hat...

Nun zurück in die Charité zu seiner Blinddarmoperation. Als er nach der Narkose aufwachte, soll er laut Aussage meiner Mutter, immer geflüstert haben: „Kein Käse, kein Käse, kein Käse…“. Meine Mutter hat ihn gepflegt und ihm versichert, dass er keinen Käse essen müsse, und so ist dann wohl die Liebe entstanden...

Anni Spitzer und Willy Hintze heirateten am 16. Oktober 1941 in Innsbruck im Goldenen Dachl. Das war zugleich ihre Hochzeitsreise.

Anni und Willy Hintze, Hochzeit 16. Oktober 1941

In Berlin zogen sie in die gemeinsame Wohnung in der Bellermannstraße. Und genau nach 9 Monaten, am 16. Juli 1942, kam dann ich zur Welt.

Es war Krieg, in Berlin fielen die ersten Bomben. Mein Vater war in Küstrin im Marinewaffenamt, später als Soldat in Russland. Es kamen Feldpostbriefe vom Dnjepr, aus Odessa und von der Halbinsel Krim. Er schrieb meiner Mutter jeden Tag einen Brief oder eine Karte. Manchmal stand nur drauf, „Schweres Gefecht, melde mich morgen wieder". Ich habe ihn später oft nach dieser Zeit in Russland und in russischer Kriegsgefangenschaft gefragt, aber er konnte und wollte nicht darüber reden.

Berlin 1942

Nach Zeitungsberichten:
US-amerikanische und britische Luftstreitkräfte fliegen schwerste Angriffe auf Berlin. Die Sirenen heulen Tag und Nacht, die Menschen hasten in die Luftschutzbunker, und es gibt täglich viele Opfer unter der Zivilbevölkerung. Häuser brennen und ganze Straßenzüge werden in Schutt und Asche gelegt.

Die beginnende Evakuierung der Berliner Bevölkerung führt zu panikartigen Fluchtbewegungen. Fernbahnhöfe sind überfüllt. Über 700.000 Berliner verlassen die Stadt. Es werden 142 Schulen in Begleitung der Lehrer evakuiert, 260.000 Kinder verschickt [1]. Dr. Goebbels [2] forderte die Bevölkerung auf, Frauen, Kinder und alte Leute sollten Berlin verlassen, das stark bedroht sei.

Und Zarah Leander sang mit tiefer Stimme:
„Davon geht die Welt nicht unter ...“
und
„Ich weiß, es wird einmal ein Wunder ge-
scheh´n...“
Das letzte Lied der damals bekannten Gruppe
„Die Comedian Harmonists“, bevor sie sich auf-
lösen mussten, hatte den Titel:
„Irgendwo auf der Welt gibt's ein kleines biss-
chen Glück...“

Bärbel Hintze, geb. 16. Juli 1942

In diese Zeit hinein bin ich also geboren, am 16.
Juli 1942 in Berlin/Mitte. Genau genommen im
Kaiserin-Augusta-Hospital in der Scharnhorststraße. Meine Mutter war – wie gesagt - Rot-
Kreuz-Krankenschwester in der Charité und
mein Vater, Willy, Feuerwerker und abgeordnet
ins Marinewaffenamt in Küstrin, später im Russ-
landfeldzug am Dnjepr und in Kiew. Unsere
Wohnung lag im Zentrum von Berlin in der Bellermannstraße.

Von den ersten Lebensmonaten weiß man ja üblicherweise nicht viel, aber dennoch hat sich diese Zeit mit der allnächtlichen, bedrohlichen Geräuschkulisse der Tiefflieger fest in mir eingeprägt.

Wenn Bombenalarm war, musste mich meine Mutter immer nachts aus dem Schlaf reißen und in den Luftschutzkeller schleppen. Dieses Geräusch der Luftschutzsirenen und der dröhnenden Bombenflieger ist bis heute in mir verwurzelt. Wenn über meinem jetzigen Wohnort nachts ein Transport-Flugzeug mit brummendem Motorengeräusch fliegt, wache ich mit Herzklopfen und manchmal sogar schweißgebadet auf. Ganz schlimm waren die Nächte vor einigen Jahren für mich, als während des Balkankrieges von 1991 bis 1999 jede Nacht die dumpfdröhnenden Transportflugzeuge nach dem damaligen Jugoslawien über unseren Ort flogen.

Es muss wohl 1943, gewesen sein, ich war gerade etwa 1 Jahr, als meine Mutter mich zu ihrer Mutter, meiner Oma, Anna Spitzer, nach Tirol in Sicherheit brachte. Meine Mutter war, wie gesagt, Österreicherin und hatte durch die Heirat mit meinem Vater 1941 die deutsche Staatsbürgerschaft erhalten. Als Krankenschwester war sie zu dieser Zeit in Berlin unabkömmlich.

Berlin, Großeltern Rosa und Alfred Hintze

Meine Großeltern väterlicherseits, Alfred und Rosa Hintze, wohnten in Berlin in der Scharnhorststraße. Alfred Hintze war Beamter bei der Deutschen Bank. Diesen Großvater habe ich nicht mehr kennengelernt. Er starb kurz nach Ende des 2. Weltkriegs.

Rosa und Alfred Hintze in Berlin

Berlin, Bellermannstraße

Meine Mutter kam gerade vom Nachtdienst aus der Charité nach Hause. Es klingelte an der Wohnungstür. Draußen standen Rosa und Alfred Hintze mit verängstigtem, verschmutztem Gesicht und einem kleinen braunen Koffer aus Pappe und einem Rucksack. „Kommt erst mal rein", sagte meine Mutter. Rosa und Alfred erzählten von den schweren Bombenangriffen und dass, als sie sich heute Morgen aus dem Luftschutzkeller wagten, ihr Haus in Schutt und Asche lag.

Die gesamte Scharnhorststraße war ein Trümmerfeld, die Feuer flackerten noch aus den Fenstern, und der beißende Rauch zog durch die Straßen. Sie konnten nichts mehr retten, außer, was sie in den Luftschutzkeller mitgenommen hatten. So mussten Rosa und Alfred Hintze in der Wohnung meiner Eltern bleiben.

Später habe ich meinen Vater einmal gefragt, warum er nach dem Krieg nicht nach Berlin zurückgegangen sei. Er sagte, wenn man nach Berlin zurückkehren wollte, musste man damals eine Wohnung nachweisen können, und die Wohnung meiner Eltern, Willy und Anni Hintze, war nun besetzt, und es bestand keine Aussicht, dass meine Großeltern väterlicherseits in eine andere Wohnung ziehen konnten.

Berlin, schreckliche Ereignisse

Nicht genug dieser schrecklichen Ereignisse: Es kam ein paar Tage später die traurige Nachricht, dass der älteste Sohn von Rosa und Alfred Hintze, Günther, in Luxemburg bei der Schlacht um Bastogne [*3] in „Pflichterfüllung für das Vaterland" gefallen ist.

Günther Hintze und seine Frau Brunhilde wohnten zu dieser Zeit in Kleinräschen in Brandenburg, dem Geburtsort von Brunhilde. Nach dem Einmarsch der Roten Armee nahm sich seine Witwe Brunhilde nach einer Vergewaltigung durch russische Soldaten im Juli 1945 das Leben.

Berlin, Scharnhorststraße vor dem 2. Weltkrieg
Wohnung von Rosa und Alfred Hintze

Berlin, Scharnhorststraße
nach dem Bombenangriff

Großmutter Rosa Hintze

Nach der Flucht aus Österreich fanden meine Eltern Anni und Willi Hintze in Reit im Winkl ein neues Zuhause. Aber davon später.

Als die Zonengrenze unter schwierigsten Bedingungen wieder passierbar war, besuchte uns Großmutter Rosa Hintze jeden Sommer für einige Wochen in Reit im Winkl. Sie war immer sehr fein angezogen, was überhaupt nicht in unseren Haushalt passte. Sie hatte z. B. am Werktag ein fliederfarbenes Kleid an, das mit Perlen bestickt war. Wir, meine Mutter, meine Schwester und ich, mussten uns dagegen als Flüchtlinge mit geschenkter Kleidung begnügen und aus manchen Sachen waren wir auch öfters rausgewachsen.

Großmutter Rosa beteiligte sich nie an der Gartenarbeit mit Unkrautjäten, Bohnen-und Erbsenernten oder Gießen oder, oder… was einfach gemacht werden musste im Haushalt. Dafür war sie sich anscheinend als Frau aus der Großstadt Berlin zu fein.

Außerdem sollte ich sie „Grossi" nennen und ihr immer „Küsschen" geben, was ich generell nicht mochte. Auch hat sie viel von ihrer Enkelin Ingrid, meiner Cousine in Berlin, in höchsten Tönen geschwärmt, die ich bis dahin noch nie gesehen hatte, so dass ich mit ihren Erzählungen nichts anfangen konnte.

So war ich immer froh, wenn sie wieder heimfuhr und wir ihren Koffer auf den Leiterwagen packen und diesen zur Bushaltestelle vom Bayernexpress ziehen konnten. Und wenn der Bus dann abgefahren war, wurde mir wieder leichter ums Herz.

Diese Berliner Oma lag mir in keiner Weise, und ich fühlte im Gegensatz zu meiner österreichischen „Muata-Oma" nie eine Bindung zu ihr!

Teil 3

Ein Leiterwagen
voll Geborgenheit

Gasteig 1943

1943 wurde ich also von meiner Mutter aus dem gefährlichen, von Fliegerangriffen und Bombenhagel geplagten Berlin in ihre Heimat nach Gasteig in Tirol in Sicherheit gebracht.

Und eines Tages war ich dann einfach da und stellte als 1½-jähriges Kind meine Großmutter, Anna Spitzer, vor eine sehr schwierige Herausforderung. Meine Mutter fuhr zurück nach Berlin, sie wurde als Krankenschwester dort dringend gebraucht.

Ich bin mir sicher, es ist ihr schwer gefallen, ihr Kleinkind aus der Hand zu geben. So weit von Berlin entfernt zu wissen, bei einer für das Kind unbekannten Frau, auch wenn es ihre Mutter und meine Oma war! Aber die Angst vor dem Bombenhagel und die Sorge um das Wohl des Kindes

und ihre Verpflichtungen an der Charité überwo-
gen wohl alle Kümmernisse meiner Mutter. Aber
ich blieb so wenigstens in der Familie!
Doch meine Oma akzeptierte diese Lösung, sie
fühlte sich wohl in der Pflicht, nahm mich ganz
natürlich auf, obwohl sich mit meiner Anwesen-
heit als Kleinkind gewaltig viel in ihrem Leben
änderte und große Aufgaben und viel Verant-
wortung auf sie zukamen.

Der dunkelgrüne Leiterwagen

Meine Oma arbeitete –wie gesagt- auf dem Aignerhof als Magd und musste mich jeden Tag mit
zur Arbeit auf den Bauernhof nehmen. Da war
ich wenigstens in ihrer Obhut. Einen Kindergar-
ten kannte man damals nicht. Täglich um 6 Uhr
früh begann für sie die Arbeit im Stall, denn da
mussten die Kühe gemolken werden.

Sie setzte mich in einen Leiterwagen – einen Kin-
derwagen hatte sie nicht – und ging mit mir die
zwei Kilometer von ihrer Wohnung zum Aignerbauern jeden Morgen in aller Frühe zu Fuß. So
war das Sommer und Winter, bei Regen und
Schnee, und ich kann mich nicht erinnern, dass
mir das etwas ausgemacht hätte. Bei Regen hat

meine Oma einen riesig-großen, schwarzen Regenschirm über mich gespannt, was ich sehr lustig fand, und im Winter hat sie mich dick in eine Decke eingemummelt. Den Leiterwagen, der damals grün gestrichen war, stellte meine Oma immer auf dem Steinboden im großen Flur des Bauernhauses ab.

Wenn ich müde wurde, legte ich mich in „meinen" Leiterwagen und kuschelte mich in meine Decke. Es war eine „dunkelweiße" Decke, gehäkelt aus vielen Quadraten, die dann zusammengenäht waren. Den Abschluss bildete eine rot gehäkelte Kante um die ganze Decke. Heute sagt man dazu „Patchwork". Der dunkelgrüne Leiterwagen und diese Häkeldecke waren mein Rückzugsort und „mein kleines Zuhause"; hier fühlte ich mich geborgen, nachdem ich immer von hinten in den Wagen gekrabbelt war. Wie liebte ich diesen dunkelgrünen Leiterwagen!

Dieser Leiterwagen war zu meiner Zeit schon nicht mehr neu und bereits jahrelang von meiner Oma in Gebrauch. Aber er war gut in Schuss, haltbar und aus meiner jetzigen Sicht wirklich fachmännisch gebaut. Als Holz war Hartholz verwendet worden, die seitlichen Sprossen und Holme waren glatt und ohne irgendwelche Stellen, an denen ich mir einen „Speißel" hätte einreißen können. Außerdem waren sie so schlank, dass meine kleinen Hände und Finger sie sicher umfassen konnten. Die vier gleich großen Räder hatten Sprossen wie die großen Wagen der Bauern und waren mit Eisenreifen beschlagen. Ich erinnere mich noch gut daran, dass man den Wagen mit der langen Deichsel, die vorne wie ein Kreuz aussah, leicht ziehen und v. a. leicht lenken konnte. Nur eine Bremse fehlte; da schob meine Oma, wenn sie den Leiterwagen z. B. an einem Hang im Wald abstellen wollte, immer einen Holzranken zwischen die Speichen. Wenn die Räder des Wagens von dem häufigen Gebrauch zu quietschen anfingen, hat meine Oma von Zeit zu Zeit mit einem schwarzen Fett die Achsen geschmiert. So konnte „mein" Leiterwagen meiner Oma und mir täglich gute Dienste leisten.

Und er wurde auch in späteren Jahren dann für meine Eltern wichtiges Transportmittel und danach sogar für meine Schwester, ihre Familie und ihre beiden Kinder, die jetzt bei Göttingen wohnen, ein jederzeit bereitstehendes, anspruchsloses, vielfältig nutzbares Gefährt. Und dort gibt es ihn heute noch, wie mir meine Schwester begeistert versicherte!

Bärbel im Leiterwagen in Gasteig

Im Leiterwagen waren meine bunten Bauklötze immer dabei. Diese habe ich noch heute, allerdings fehlt die kleine flache Holzschachtel dazu. Sie sind würfelförmig, aus Holz gesägt, jede Seite 2 cm und in einer anderen Farbe bemalt. Es gab auch ein paar dreieckige Klötze, wo dann immer zwei einen Würfel ergaben. Mit diesen Bauklötzchen legte ich Muster, eine Schlange, baute ein Dorf, einen Turm oder drehte mal alle roten oder alle blauen Klötzchen nach oben. Nie habe ich diese Klötze aus der Hand gegeben oder ließ andere Kinder damit spielen; das war mein kleiner Besitz.

Meine Bauklötzchen

Außerdem waren da noch auf dem Heuboden die Katzen, eine schöne schwarze Katze mit weißen Pfoten und 3 Katzenkinder, auch schwarz mit weißen Pfoten. Vor allem diese jungen Katzen schleppte ich durch die Gegend und in meinen Leiterwagen und kuschelte sie in meine Decke. Sie ließen sich auch alles Mögliche gefallen, aber wenn es ihnen zu viel wurde, konnten sie fauchen und kratzen und da habe ich schon manchmal ein paar schmerzhafte, blutende Kratzer abbekommen. Die habe ich mir dann einfach abgeleckt. Spucke hilft heilen, und am nächsten Tag waren die Kratzer nicht mehr wichtig und ziemlich verheilt. Und meine Kätzchen waren nicht mehr beleidigt und ließen sich wieder knuddeln.

Bärbel in Gasteig

Dann war da noch ein Dackel, aus Holzteilen zu-
sammengesetzt mit Rollen an den Füßen, der sich
hin- und her bewegen sollte, wenn man ihn zog.
Aber dieser Dackel wollte nie so, wie ich wollte;
er fiel immer um, was mich sehr geärgert hat.

Der bewegliche Holzdackel

Auf dem Aignerhof bin ich wohl mit den anderen Bauernkindern aufgewachsen, ohne dass sich jemand groß um mich und die anderen Kinder kümmern konnte. Leider kann ich mich an keines dieser Kinder erinnern und fragen kann ich niemand mehr.

Ein kleines Paradies auf Erden

Ich glaube, es ist mir nicht schlecht gegangen. Wenn meine Oma beim Melken war, bin ich in die Milchkammer gewackelt, die sich zwischen Wohnhaus und Stall befand. Dort hat meine Oma das Tuch von der Milchkanne gezogen und mir ein „Gatzl"*11 frische, kuhwarme Milch in meine Flasche gefüllt oder die Bäuerin hat mir manchmal einen Brotranken zugesteckt, auf dem konnte ich herumnagen, wobei das Brot beim Kauen immer süßer wurde. Meine Milchflasche hatte einen länglichen, hellgelben Gummischnuller. Diesen Schnuller hat mein Vater aufgehoben, und ich habe ihn Jahre später auf dem Dachboden gefunden. Es ist mir heute unerklärlich, wie man mit so einem Schnuller trinken konnte und vor allem, denke ich, war es mit der Hygiene nicht so gut bestellt. Die Flasche ist mir sicher oft heruntergefallen oder sie lag in irgendeiner Ecke im Hof oder in der Diele. An Keime, Viren, Bakterien dachte niemand.

Ob der geläufige Satz „Dreck macht Speck" berechtigt war …?

Heulen hilft nicht

Wenn ich einmal hingefallen bin, ein offenes Knie hatte, (und ich hatte oft offene Knie oder Ellbogen) oder ich habe mir mal den Finger an einer Türe geklemmt, das alles habe ich mit mir selbst abgemacht, denn ich habe sehr bald gemerkt, dass es nichts bringt zu heulen. Es kommt niemand, der vielleicht „Heile, heile, Segen…" sagt; es nützt nichts, also wozu erst heulen? Außerdem war meine Oma oft nicht schnell zur Stelle zum Trösten und Heilen. Da habe ich einfach mit Spucke in den Handflächen die Blessuren betupft und „behandelt"…
So habe ich schnell verstanden, mit meinen kleinen Schwierigkeiten selbst fertig zu werden, bevor ich mir bei größeren Problemen Hilfe holen konnte.

Ich bin in der größten kindlichen Freiheit, ohne Verbote und Einschränkungen aufgewachsen. Angst kannte ich gar nicht. Ich glaube, ich habe einen guten Schutzengel gehabt, denn vieles war sicher gefährlich, und manche Mütter würden heutzutage Angstzustände bekommen, wenn sie ihre Kinder in solchen Situationen sehen müssten.

Auf der Wiese hinter dem Haus befand sich eine Streuobstwiese. Im Juni waren die Kirschen reif, im Herbst fielen die Äpfel und Birnen vom Baum, und ich konnte sie aufsammeln. Das war ein Teil meiner täglichen Ernährung im Herbst. Aber auf den Baum gestiegen bin ich meines Wissens nach nie, das war erst viele Jahre später.

Leben auf dem Bauernhof

Um für die damals noch sehr kalten und schneereichen Winter vorzusorgen, war die Zwetschgen- und Apfelernte wichtig. Das Ernten war immer eine willkommene Abwechslung im Tagesgeschehen. Reife Zwetschgen liebte ich, v.a. wenn keine Würmer oder Ameisen drin waren. Außerdem konnte ich mithelfen, die Zwetschgen und Äpfel aufzusammeln und in den Korb zu legen. Die Zwetschgen mussten von der Bäuerin, der Maridl, der jungen Magd, und meiner Oma entkernt und eingeweckt werden. Die guten Äpfel wurden einzeln im Keller sauber aufgelegt. Da waren wir den ganzen Tag beschäftigt. Stolz waren auch alle, wenn am Abend die vielen gefüllten und eingekochten Weckgläser zum Abkühlen in Reih und Glied in der großen Kuchl standen und alle Deckel fest auf den Gummiringen saßen.

Beim Essen

Ich kann mich noch an das tägliche Mittagessen erinnern. Um 11 Uhr mittags wurde die kleine Glocke auf dem First des Bauernhauses geläutet, und alle, die im Stall oder auf dem Feld arbeiteten, wussten: „Es ist Mittagzeit und um 12:00 Uhr ist Essenszeit". Da kamen alle zusammen.

In der „Stubn" stand in einer Ecke ein großer quadratischer Tisch. An zwei Seiten war jeweils eine Bank die Wand entlang und sonst gab es Stühle. Der Bauer und die Bäuerin, der Altbauer, die Bauernkinder, die Maridl (Marianne), meine Oma und der Knecht Hias (Matthias) saßen auf der langen Bank oder auf Stühlen rund um diesen großen Tisch mit seiner blank gescheuerten Buchenplatte. Ich hatte meinen Platz auf der Bank neben der Oma.

Das Essen kam auf den Tisch, und es wurde ganz ruhig, denn vor dem Essen sprach die Bäuerin immer ein Gebet. Einen Kinderstuhl für mich oder die anderen Kinder gab es damals noch nicht, und ich musste mich ganz schön strecken, um etwas in der Tischmitte zu erreichen. Teller gab es nicht. Jeder am Tisch hatte seinen eigenen Löffel, der nicht etwa abgewaschen, sondern sauber abgeleckt oder an der Arbeitsschürze abgewischt wurde. Beim persönlichen Platz am Tisch

war eine Kerbe, da wurde der Löffel hineinge-
steckt und aufbewahrt bis zum nächsten Gebrauch.

Auf dem Tisch stand sehr oft eine große eiserne
Pfanne mit Polenta. In der Mitte dieses Polenta-
kuchens schwamm ein bisschen Butterschmalz.
Jeder hat immer außen herumgegessen, aber irgendwann ist man dann doch in die Mitte gekommen und das Schmalz ist zu dem gelaufen,
der am frechsten war, das war meistens der Hias.
Ich habe nie was von dem Fett erreichen können,
aber die Polenta ist mir trotzdem als ein besonderer Genuss in Erinnerung geblieben.

Vor einigen Jahren habe ich einmal Polenta für meine Familie gekocht, doch konnte ich keine Lorbeeren damit ernten und mir hat sie auch nicht mehr so recht geschmeckt.

Manchmal gab es Rohr- oder Dampfnudeln, eingeschnittene Kartoffeln, fettgebackene Blattl[*5] mit Sauerkraut, Speckknödel in einer Fleischbrühe, süsse Apfelradl[*5] oder einen Kaiserschmarrn. [*5]
Das waren für mich immer Festessen!

In der Kuchl war ich eigentlich nur zum Essen und später liebte ich die Ofenbank, als mein Leiterwagen durch die Flucht meiner Eltern nicht mehr verfügbar war.

Am Sonntag, wenn Oma für uns beide kochte

Am Sonntag hat meine Oma für uns beide gekocht. Es gab – je nach Erntezeit – oft Karfiol (Blumenkohl) oder Saubohnen, diese dicken, gesunden Bohnen sind richtige „Sattmacher". Vom Bauern hatten wir die Erlaubnis, Saubohnen von seinem Feld zu pflücken. Sie wurden mit der Schale gekocht, danach wurden die Bohnenkerne herausgenommen und einfach mit ein paar Bröseln Salz gegessen.

Meine Oma konnte den besten Kaiserschmarrn*5 machen, den man sich vorstellen kann. Sie hatte eine gusseiserne Pfanne und hackte den Schmarrn so lange, bis er ganz klein und krümelig, goldgelb und knusprig war und dann streute sie dick Zucker drüber.

Wenn Blaubeerzeit war, gab es köstliche Blaubeernocken*5. Dass ich sie mit Genuss gegessen habe, war dann den restlichen Tag an meiner blauen Zunge und den blauen Lippen zu sehen.

Das Rezept für ihren Kartoffelsalat*5 hat mir meine Oma später mit auf den Weg gegeben, und ich mache heute immer noch den Kartoffelsalat, wie sie es mir überliefert hat.

Am Sonntag gab es ab und zu mal ein „Bauernbratl"*5 mit Kartoffeln und Sauerkraut. Aber Fleisch gehörte zu den teuren Nahrungsmitteln, die man sich nicht so oft leisten konnte.

Auch Kartoffelteigtaschen aus Roggenmehl, in schwimmendem Fett rausgebacken, schmeckten mir. In diese „Blattl"*5 haben wir dann geschmolzenes Sauerkraut eingewickelt und alles mit den Händen gegessen. Das hat schon manchmal arg getropft, und der Sauerkrautsaft und das Butterschmalz sind mir bis zu den Ellbogen hinter gelaufen. Aber gut war's!

An besonderen Festtagen gab es „Auszogene". Das waren Krapfen, bei denen der Teig rundherum an den Rand gezogen wurde und die in der Mitte ganz dünn waren, so dass man meinen konnte, man hätte sich auf den Teig gekniet. Deshalb heißen sie in anderen Gegenden auch „Knieküchla". Nach dem Backen in heißem Öl mit Puderzucker bestreut, gehörten sie für mich zu den kulinarischen Höhepunkten! Ich liebte sie aber auch, weil man sie so toll mit beiden Händen halten und dann genussvoll rund herum abbeißen konnte, bis man zum besten Teil, dem hauchdünnen, gelben Stück in der Mitte als Finale kam.

Im kleinen Kellerabteil lagerte meine Oma einige Kartoffeln, und dort waren auch die Äpfel fein aufgereiht. In einem Regal standen die Gläser mit den eingeweckten Blaubeeren und Zwetschgen, und auf dem Steinboden befand sich ein kleines Fass mit selbst eingelegtem Sauerkraut, das mit einem Holzdeckel und mit einem schweren Stein drauf abgedeckt war. Manchmal schäumte es da zwischen Deckel und Fass heraus, weil sich das eingelegte Kraut in einem Säuerungsprozess befand, wie mir meine Oma zu erklären versuchte.

Der Altbauer vom Aignerhof

Schräg gegenüber vom Aignerhaus war das Austraghaus, in dem der Altbauer wohnte. Der Altbauer konnte nur auf einen Stock gestützt laufen und auch das war für ihn mühsam. Im Sommer saß er meistens vor seinem Austraghaus auf dem Dengelbock und dengelte die Sensen und Sicheln. Ich saß oft neben ihm und durfte ihm dabei zusehen. Geredet hat er mit mir nicht viel, nur ab und zu etwas Unverständliches gebrummt oder gemurmelt. Trotzdem mochte ich ihn und bewunderte, wie er mit jedem Hammerschlag genau getroffen hat und die Schneide immer dünner und schärfer wurde.

Zu Mittag kam er jeweils in die Stubn zum Essen und im Winter saß er dann jeden Tag in der Stubn auf der Ofenbank. Vielleicht hatte er im Austraghaus keine Heizung oder es war für ihn zu beschwerlich, den Ofen täglich zu schüren.

Ich kann mich erinnern, dass er immer seine lange Pfeife mit einem Pfeifenkopf aus Porzellan im Mund hatte, auch wenn sie nicht brannte. Das Mundstück mit einem roten Flaschengummi von einer Bierflasche hatte der Altbauer so zwischen die vordere Zahnlücke geschoben, dass er ganz gut reden konnte, ohne seine Pfeife aus dem Mund zu nehmen. Ich war beeindruckt und habe immer fasziniert auf diesen Flaschengummi hinter seinen restlichen Zähnen geschaut! Herausgefallen ist ihm die Pfeife aber nie! Toll!

Holzarbeit

Im Winter holten der Bauer und der Hias, der Knecht, die gefällten Holzstämme mit den zwei Kaltblutpferden aus dem Wald. Das war für die Menschen und die Tiere eine mühsame Arbeit, doch im Gegensatz zu heutigen Baumtransporten aus dem Wald mit riesigen Maschinen, hat diese Arbeit damals keine Spuren und Schäden auf dem Waldboden hinterlassen.

Die Stämme wurden auf dem Hof mit einer großen Kreissäge, der ich nie zu nahe kommen durfte, zu ellenlangen Klötzen gesägt. Und der Hias war dann dran, das Holz auf einem Hackstock, einem dicken, knapp meterhohen Baumstumpf, in ofengerechte Scheite zu hacken. Eine schweißtreibende Arbeit, obwohl der Hias ein kräftiger Kerl war!

Diese Scheite mussten anschließend zum Trocknen an der sonnigsten Hauswand im Hof aufgeschlichtet werden. Dafür war meistens der Altbauer zuständig. Weil er ziemlich schlecht laufen konnte, stellte er sich einen Stuhl vor die Hauswand, und wir Kinder brachten ihm dann die gehackten Holzscheite, die er sauber aufstapelte. Ich kam mir als Handlangerin überaus wichtig vor bei dieser Arbeit.

Die Schafwolle

Auf der Streuobstwiese mit den Apfel- und Birn-
bäumen grasten eine Geiß, die jeden Tag von
meiner Oma gemolken wurde, und dazu ein paar
Schafe. Die dichte braune Wolle wurde jeweils im
Frühjahr geschoren. Das war ein wichtiger Tag
für mich, da gab es viel zu schauen, und ich bin
oft den Erwachsenen im Weg gestanden, wenn
sie beim Scheren jedes Schaf auf den Rücken leg-
ten, um an die Wolle am Bauch zu kommen.
Meine Oma kochte dann die Wolle im Waschhaus im großen, von unten mit Holz beheizten
Waschkessel, rührte mit einem langen Stecken
immer wieder die Lauge um, damit sich das Woll-
fett herauslöste. Die graue Wolle spülte sie im angrenzenden Bach mehrmals und hing die so be-
handelte Wolle dann auf die Zaunlatten vom
Bauerngarten zum Trocknen. Da blieb sie den
Sommer über hängen und bleichte in der Sonne
aus.
Im Winter wurden diese Wollballen dann auf der
Tenne gedätscht (kardiert), um mit einer Art gro-
ßem Kamm Schmutzreste aus den Fasern zu
streifen und diese in Längsrichtung zu ordnen.
Ich hatte dabei die Aufgabe, kleinste Schmutzteil-
chen zu entdecken und herauszuklauben bzw.
verhedderte Teile der Wolle mit meinen feinen
Fingern auseinander zu zupfen. Ich war bei dieser

Arbeit wichtig und hatte das Gefühl, dass es ohne meine Hilfe niemals möglich gewesen wäre, daraus irgendwann Socken oder Pullover zu stricken.

Einen kleinen Teil der fertig gedätschten Wolle bekam meine Oma von der Bäuerin geschenkt und nahm sie mit nach Hause. Wenn sie Zeit hatte, setzte sie sich ans Spinnrad und spann daraus die Wollfäden zum Stricken. Da durfte ich ihr interessiert zuschauen und über ihre Fingerfertigkeit staunen, aber selbst probieren ließ sie mich nicht. Erst später, als ich meine Oma in den Ferien öfter besuchte, zeigte sie mir, wie man aus der gedätschten Wolle einen Faden spinnt, aber ich habe es nie so richtig gekonnt, wahrscheinlich weil ich auch zu wenig Übung hatte. Das Spinnrad meiner Oma habe ich noch heute und könnte wieder anfangen, das Spinnen zu üben...

Das Spinnrad meiner Oma

Bei den Tieren

Wenn meine Oma beim Aignerbauern mit dem Melken fertig war, wurden die Kühe im Sommer auf die Weide getrieben, die nicht weit vom Hof ein Stück bergauf lag. Ich habe mit einem langen Stecken die Kühe gescheucht. Da war meine Oma schon sehr froh, dass ich ihr helfen konnte! Hinter der Kuhherde zu laufen, war gar nicht so leicht, weil man aufpassen musste, dass man nicht barfuß in einen der frischen Kuhfladen trat.

Den Stall ausmisten musste meine Oma nicht, das war dann die Arbeit vom Hias, er war auch zuständig für die beiden Kaltblut-Pferde. Vor den Rössern hatte ich großen Respekt und bin ihnen immer aus dem Weg gegangen; sie erschienen mir zu groß und zu wuchtig und ihr lautes Schnauben schreckte mich.

Mit meiner Oma ging ich auch öfter zum Hühnerstall. Ich liebte die aufgeregt gackernden Hühner mit ihren glänzenden Federn, vor allem die Braungefiederten, bei den Weißen waren mir die Federn immer zu dreckig.
Hier durfte ich ganz vorsichtig die Eier aus den Nestern nehmen und in einen Korb legen. Da war meine Oma auch froh um meine Mithilfe, weil sie sich nicht zu bücken brauchte. Ich erinnere mich,

dass mir einmal ein vom Legen noch warmes Ei aus den Händen fiel und zerbrach. Da war ich über meine Ungeschicklichkeit sehr traurig und habe fast geweint, weil wir jetzt ein Ei weniger hatten. Aber meine Oma machte aus meinem Missgeschick kein Drama und ließ mich weiter Eier aus den Nestern holen. Das war prima!

Und dann bekamen die Hühner ihre tägliche kleine Körnerration. Ich schrie aus Leibeskräften „Bibibibi", und alle Hühner und auch der Gockel kamen zum Hühnerstall gerannt und pickten ganz hektisch die von mir ausgestreuten Körner auf. Was für ein Erfolgserlebnis für mich! Ohne meine Hilfe wäre die Hühnerschar ganz sicher verhungert…

Barfuß

Bei all diesen Aktivitäten auf dem Bauernhof kann ich mich nicht erinnern, jemals Schuhe getragen zu haben, die gab es nur am Sonntag zum Kirchgang. Die Fußsohlen waren immer ziemlich dunkel und durch eine festere Haut geschützt. Auch das Laufen auf steinigem Boden oder auf einem Stoppelfeld machte mir nichts aus.

Nur im Winter hatte ich sicher Schuhe an, aber das hat wohl keinen Eindruck auf mich gemacht, denn davon ist nichts in meiner Erinnerung.

Barfußlaufen vom zeitigen Frühjahr bis in den späten Herbst war praktisch und auch schön. Selbst durch den ersten Schnee bin ich öfter barfuß gelaufen.

Und abends, bevor wir den Heimweg antraten, setzte meine Oma mich auf den Rand des Brunnentrogs, der im Hof stand, und schrubbte mir im kalten Wasser mit Kernseife und Bürste die Fußsohlen gründlich. Das hat immer furchtbar gekitzelt, so dass ich mich vor Lachen ausschütten musste. Aber: „Mit dreckigen Füßen geht man nicht ins Bett!", da war meine Oma konsequent.

Feierabend

Abends zog meine Oma mich mit dem Leiterwagen wieder heim in unsere gemütliche, kleine, hellblaue Wohnung in Gasteig, in der ich mich immer geborgen gefühlt habe. Nach all den täglichen Aktivitäten auf dem Bauernhof war ich jeden Abend froh um Omas Kuschelbett und bin wahrscheinlich schnell und problemlos eingeschlafen. Ich quengelte nie: „Ich will noch länger aufbleiben! Ach nur noch fünf Minuten…" Eine Gutenachtgeschichte gab es nicht, aber gebetet hat meine Oma mit mir jeden Abend. Das war ein gutes Ritual, um zur Ruhe zu kommen und entspannt und behütet einzuschlafen!

Die Empl Schwestern

Gasteig bestand nur aus ein paar Häusern und gehört auch heute noch zur Gemeinde St. Johann in Tirol. Neben dem großen Haus von der Rettenmoser Moidl (Maria), in dem meine Oma wohnte, war eine Gastwirtschaft mit einer langen Kegelbahn, der Vorderjager, und gegenüber auf der anderen Straßenseite stand ein altes, ebenerdiges Haus.

In diesem Haus wohnten zwei Schwestern, die Empl Lies (Elisabeth) und die Empl Thres (Therese). Die Lies war groß, hager und immer ganz schwarz angezogen. Die Thres war kleiner, rundlicher, hatte graue Haare und brummelte ständig etwas Unverständliches vor sich hin. Um das Haus hatten die beiden Schwestern einen kleinen Garten mit Gemüse und Blumen angelegt. Wenn ein Gemüse reif war, bekam meine Muata manchmal Paradeiser (Tomaten) oder einen Karfiol (Blumenkohl), auch Eier holten wir von der Empl Lies, nicht vom Aignerbauern. Das Haus der Empl-Schwestern – so erinnere ich mich - war überall auf dem Fußboden mit Zeitungspapier ausgelegt. Bis heute konnte ich jedoch keine Erklärung dafür finden. Vielleicht wollte man sich das Putzen ersparen, indem man einfach das Papier nach ein paar Tagen mit dem Schmutz zusammenknüllte und verbrannte oder wegwarf. Ich weiß es nicht. Jedenfalls hat mich diese Verhaltensweise oder Marotte als Kind sehr beeindruckt.

Das Haus in Gasteig

Warme, weiche Oma

Obwohl ich mich bei meiner Oma eigentlich
nicht an Zärtlichkeiten erinnern kann, habe ich
doch bei jedem Gedanken an sie im Innern ein
ganz warmes Gefühl. Sie hat mich wohl kaum in
den Arm genommen. Dazu hatte sie gar keine
Zeit. Aber im Bett, wir mussten beide im selben
Bett neben einander schlafen, habe ich immer
ihre Wärme gespürt. Alles an meiner Oma war
vertraut, weich, rund, gut und warm.
Sie hatte übrigens bis ins hohe Alter eine wunder-
bare, fast faltenlose Gesichtshaut. Ich habe sie
später einmal gefragt, warum sie so eine schöne

Haut hat. Sie sagte, sie habe sich zeitlebens mit kaltem Wasser gewaschen und nur Nivea Creme benutzt. Das war damals die erste Hautpflege, die auf den Markt kam. Aber ich meine auch, ihre innere Ausgeglichen- und Zufriedenheit spiegelten sich in ihrem Gesicht wider.

Soweit ich denken kann, hatte sie schlohweiße Haare, zu einem Zopf geflochten, in den ersten Jahren noch zu einem Kranz, einer „Gretelfrisur", gesteckt, später zu einem Knoten gebunden. Gekämmt hat sie sich mit Klettenwurzelöl und einem schönen weiß-perlmutt-schimmernden, engzinkigen „Lauskamm", (obwohl sie keine Läuse hatte), den ich immer unwahrscheinlich toll fand, weil er so schön silbern glänzte.

Ich hatte damals zwei Zöpfe, die musste sie jeden Morgen bürsten und dann flechten, was manchmal ganz schön ziepte. Aber Oma bemühte sich immer, das „Zopfen" möglichst flott zu erledigen. Das war mir sehr recht. Trotzdem hatte ich immer zwei gepflegte Zöpfe, die auch das tägliche Herumtollen aushielten. Am Sonntag bekam ich eine aufregende „Tolle" mit Schleife gedreht, denn der Sonntag war meiner Oma heilig, und das sollte man auch an meiner Frisur und Kleidung sehen. Wie die Sonntagsfrisur entstanden ist, wieviel Zeit sie sich dafür nahm und ob ich die

Frisiererei genossen oder mehr erduldet habe, daran kann ich nicht erinnern, doch ein Foto von
damals zeigt mich mit der tollen „Tolle".

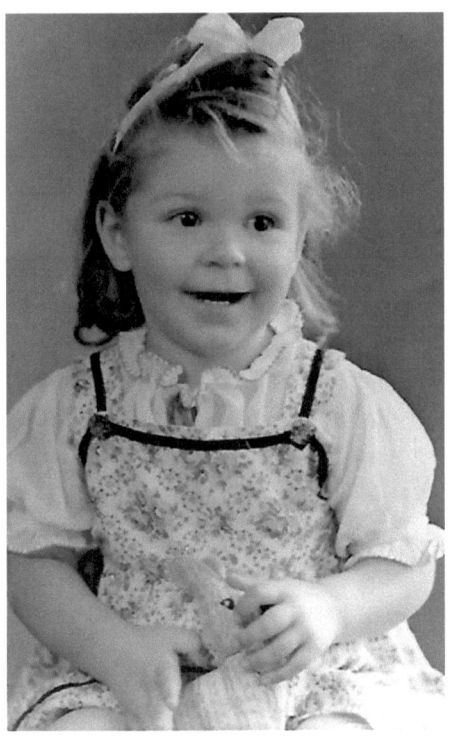

Die Sonntagsfrisur mit Tolle und Schleife

Der sonntägliche Kirchgang

Am Sonntagmorgen kochte sich meine Oma zuerst eine große Tasse Zichorienkaffee, (als Kaffeersatz aus den Wurzeln der gemeinen Wegwarte hergestellt) und ich bekam eine Tasse Milch, dazu gab es eine Scheibe Brot mit Butter.

Gerne erinnere ich mich an unsere gemeinsamen allsonntäglichen Kirchgänge hinunter nach Kirchdorf. Meine Oma zog ihr „Sonntagsgwand" an und setzte ihren schmucken Tirolerhut auf. Dieser Hut war aus schwarzem, glänzendem Samt, zwei lange bestickte Bänder hingen am Rücken herunter, die steife Hutkrempe war an der Unterseite mit Goldfäden und Perlen durchzogen, und auf der Oberseite prangten zwei große, goldene Quasten. Dieser Hut war ein Geschenk vom Josef, und sie setzte ihn erstmals an ihrer Hochzeit auf.

So gingen wir jeden Sonntag von Gasteig nach Kirchdorf in die Kirche. Der Weg dauerte etwa eine halbe Stunde. Meine Oma nahm mich an der Hand, und ich genoss diesen Vormittag; ich hatte meine Oma ganz für mich alleine und ihre warme Hand dazu.

Unterwegs kamen wir an einer Scheune vorbei, an der sogenannte „Totenbretter" hingen, die damals einen tiefen Eindruck auf mich machten.

Diese „Totenbretter" waren im bäuerlichen Bereich weit verbreitet. Zuerst wurden sie anstelle von teuren Särgen als Totenbahren verwendet und dann als Gedenkzeichen für die Verstorbenen umgestaltet.

Diese knapp zehn Totenbretter von Gasteig hingen an einer Stadelwand, waren reich verziert und mit Sprüchen versehen, die oft ganz lustig waren, wenn meine Oma sie mir vorlas.

Jahre später war die Stadelwand leer, die Totenbretter waren verschwunden, weitere Jahre später war auch der Stadel abgetragen zugunsten einiger neuer Häuser. Die Totenbretter sollen jetzt im Ortsmuseum in Kirchdorf gelagert sein oder gezeigt werden.

Bevor wir zum Kirchgang aufbrachen, stellte meine Oma das Mittagessen ins Ofenrohr, legte ein paar Ranken*[6] ins Feuer, und das Mittagessen konnte langsam gar werden.

Wenn wir vom Kirchgang heimkamen, war das Essen fertig. Oft gab es ein Stück „Bauernbratl" (s. Rezept) mit Sauerkraut. Und die Kartoffeln wurden im gleichen Topf gegart. Das war ein richtiges Sonntagsessen!

Allerheiligen in St. Johann

An Allerheiligen, am 1. November, gingen wir mit einer Stunde Fußmarsch nach St. Johann auf den Friedhof an der Antonius-Kapelle. „St. Johann" sagte niemand in Gasteig, sondern der Ort hieß in der Mundart der Einheimischen „Sainihåns"[zãɲnɪˈɦåns], und auch ich sagte so.

Um die Antonius-Kapelle herum war damals ein Friedhof, und das Grab von Josef Spitzer, meines mir unbekannten Opas, befand sich dort an der Friedhofsmauer. Auf einem handgeschmiedeten, eisernen Grabkreuz war ein ovales Porzellanbild mit seinem Antlitz in brauner Farbe, das ich heute noch genau vor mir sehe. Meine Oma stellte eine Kerze aufs Grab und hatte für mich auch eine dabei. Ich stellte vorsichtig „meine Kerze" auf das Grab von „meinem Opa"; es war ein richtig feierlicher Moment, und ich kam mir sehr wichtig vor, besonders, wenn ich die Kerze mit einem Zündhölzl selbst entzünden durfte und das, ohne dass ich mir die Finger verbrannte, gut gelang. Dann blieben wir ein paar Minuten ruhig stehen, während meine Oma wohl ein stilles Gebet für ihren früh verstorbenen Mann sprach.

Viele Jahre später wollte ich das Grab wieder besuchen, aber der alte Friedhof um die Kirche war aufgelassen. Schade, ich hätte gerne das Porzellanbild zur Erinnerung gehabt!

Allerseelen

Auch Allerseelen war damals noch ein besonderer Feiertag. Am Allerseelentag bekam ich von der Empl-Lies ein köstliches „Allerseelen-Spitzl" geschenkt. Es war gebacken aus einem lockeren, goldgelben Hefeteig mit Rosinen und dann überzogen mit Zuckerguss. Ich war ja nicht verwöhnt und den für mich damals köstlichen Geschmack dieses Geschenks – besonders der Rosinen - habe ich auch jetzt noch auf der Zunge.

Himmelblaues Zuhause

Das Zimmer meiner Oma war nicht sehr groß, lag im ersten Stock eines großen Hauses mit dem Fenster nach Süden.

Wenn man zur Türe hereinkam, stand links an der Wand eine Anrichte, an der man ein Brett ausziehen konnte, in dem sich eine Wasch- und Abwaschschüssel befand. Darüber hing ein Schüsselbrett mit Tellern und Küchenutensilien, verschiedenen Gatzen*[11] aus Messing, die glänzend poliert waren, und außerdem ein Mus-pfandl. Genial war, wie die Teller in dem Regal standen. Sie waren zwar aufgestellt, doch standen sie schräg nach vorne mit der Innenfläche nach unten. So waren sie immer sauber, kein Staub, keine tote Fliege blieb drin liegen, wenn man spä-ter irgendwelche Speisen hineinfüllte. Wenn meine Oma einen Teller aus diesem Regal holen wollte, brauchte sie immer ihren kleinen Sche-mel, um hinaufzureichen.

Neben dem Küchenbüffet stand dann die Mehltruhe. Sie hatte einen Deckel und zwei Fächer,
eins für Weißmehl, eins für Roggenmehl. Weißmehl brauchte man z. B. für Rohrnudeln oder
Kaiserschmarrn, dunkleres Roggenmehl z. B. für
Blattl (s. Rezepte). Diese Mehltruhe war einer
meiner Lieblingsplätze. Von da konnte ich meiner „Muata" beim Kochen zusehen, es war der
wärmste Platz im Zimmer und ich durfte es mir
zwischen Küchenbuffet und Herd richtig gemüt-
lich machen. Besonders genoss ich den Platz auf
der Mehltruhe, wenn wir in der Winterzeit heimkamen, das Zimmer noch kalt war, meine Oma
schnell im Ofen ein Feuer schürte und sich die
Wärme langsam bis zur Mehltruhe ausbreitete.
Da fühlte ich mich besonders wohl.

Anschließend an die Mehltruhe stand der Herd.
Seine Vorderseite war weiß emailliert, die eiserne
Herdplatte hatte verschiedene Ringe, die man je
nach Topfgröße mit einem Schürhaken herausnehmen konnte. Geheizt wurde mit Ranken[*6)],
die meine Oma selbst im Wald geholt hatte.
Rechts auf dem Ofen befand sich das Grandl, ein
Wasserschaff, über das ich sehr froh war, so hatte
ich zum abendlichen Waschen etwas warmes
Wasser. Unter dem Herd war eine große Kiste
zum Herausziehen, in der die Ranken lagen, und

in der rechten Ecke stapelte sich ein Bündel Splei-
ßen, dünnes, kienhaltiges Holz zum Anschüren.

In der hinteren linken Zimmerecke befand sich
ein Wasserhahn mit Ausguss (natürlich nur mit
Kaltwasser, aber das war schon ein Luxus, wenn
man das Wasser nicht auf dem Flur oder im Hof
holen musste). Auf der gegenüberliegenden
Wand stand das Bett mit einem Nachtkästchen,
auf dem tickte ein Wecker mit zwei großen glänzenden Glocken.

Nachdem im Zimmer nur ein Bett stand und nirgends weiter eine Liegestatt für mich war, ist klar,
dass ich mit meiner Oma in einem Bett schlief,
von deren warmem, kuscheligem Körper ich ja
bereits an anderer Stelle erzählte.

Anschließend an das Bett mit Nachtkästchen
folgte ein Vertiko (Kommode) mit Glasaufsatz
und drei Schubladen, und an der Wand rechts
neben der Eingangstüre befand sich noch ein Regal für Kleider, Wäsche, Schuhe etc.

Gegenüber der Eingangstüre, vor dem Fenster, stand ein kleiner Tisch, dazu zwei Stühle.

Was mich besonders beeindruckte und mir wegen der Farbigkeit in guter Erinnerung ist, dass meine Oma alle Möbel selbst einheitlich mit freundlicher, himmelblauer Lackfarbe gestrichen hatte. So entstand trotz der verschiedensten Möbel doch eine heitere, wohltuende Einheit.

Arnikatinktur auf der Fensterbank

Auf der Fensterbank, in der rechten Ecke, standen immer zwei Flaschen mit in Spiritus angesetzten Arnikablüten, die jeden Tag einmal geschüttelt wurden. Meine Oma benutzte die Arnikatinktur zum Einreiben für ihre Knie, die öfter schmerzten.
Kein Wunder bei der schweren Arbeit tagein tagaus!
Die Arnikablüten sammelten wir im Sommer auf einer Wiese zwischen Gasteig und Griesenau.

Die Teufelskapelle

Auf dem Weg zur Arnikawiese kamen wir an einem abenteuerlichen Felsblock vorbei, auf dem eine kleine Kapelle aus Holz gebaut ist, die „Teufelskapelle". Sie machte auf mich einen gewaltigen Eindruck, auch Jahre später immer noch, wenn ich daran vorbeikam.

Noch mehr als die 1737 erbaute Kapelle selbst fand ich die Geschichte interessant, die mir meine Oma dazu erzählte: Die Sage von der Teufelskapelle oder vom verliebten Jöchl-Teufel, weshalb die kleine Kapelle, die heute immer noch steht, im Volksmund auch manchmal „Jöchl-Kapelle" genannt wird.
Wenn man die urigen acht Steinstufen hinaufsteigt, sieht man noch den Fußabdruck des Teufels, den er aus Ärger hinterlassen haben soll, als man die Kapelle auf seinem Lieblingsfelsenplatz erbaute und ihn so vertrieb. Am Überboden der Kapelle ist auf einem schlichten Gemälde zu sehen, wie der Erzengel Michael dem Jöchl-Teufel den Garaus macht.

Die Sage vom Jöchl-Teufel

Vor langer Zeit saß auf diesem markanten Felsen der Jöchl-Teufel in Gestalt eines wunderschönen Jünglings. Er spielte auf seiner Geige so verlockend und sang dazu verliebte Lieder, die alle Mädchen in der Gegend magisch anlockten. Kein Mädchen wollte zuhause bleiben, und alle zog es unwiderstehlich zum Jöchl-Felsen hin. Und der schlaue Teufel flüsterte den Mädchen verführerische Dinge ins Ohr. Besonders hatte er es auf die schöne Griesner Dirn abgesehen. Sie war sehr hübsch, hatte einen dicken Zopf zu einer Gretelfrisur um den Kopf gelegt, war etwas stolz, aber lustig und eine vorzügliche Tänzerin, die nie genug vom Tanzen bekommen konnte.

Einmal war sie mit buntem Dirndl, weißer Bluse und roten Schuhen auf einer Tanzlmusik. Sie tanzte mit allen schneidigen Bauernburschen aus der Gegend, mit den Wilderern vom Kaiserbachtal, mit den Knechten von den Bauernhöfen zwischen Schwendt und Gasteig. Aber keiner tanzte so schwungvoll, wie sie es sich vorstellte.

In ihrem Übermut sprach sie den Wunsch aus, einmal in ihrem Leben einen Tänzer zu finden, der so tanzte, wie sie es sich wünschte und der es so lange durchhielt beim Tanz, wie sie es wollte.

Da kam plötzlich ein schmucker, fremder Jäger in den Saal. Und als er mit ihr zu tanzen begann, merkte sie, dass endlich ihr Wunsch in Erfüllung ging. Der Bursch wirbelte sie nur so über die Tanzdielen, und bald hatten beide den Tanzboden für sich alleine. Sie tanzten die ganze Nacht, ohne müde zu werden, und die Maid verliebte sich in den jungen Jäger. Sie wünschte, dass er ihr seine Liebe versprechen sollte, und er schwor ihr ewige Liebe und Treue, doch seinen Namen gab er nicht preis.

Als die Dirn in der folgenden Nacht lange am Fenster stand, lauschte und auf ihren Geliebten wartete, da hörte sie unter ihrem Kammerfenster plötzlich eine krähende Stimme singen: „Mich freut sonst nichts als der gestrige Gspoaß, dass die Griesner Dirn nit woaß, dass ich Kälberfuaß hoaß." Es war der Jöchl-Teufel!

Weiter erzählt man sich, dass keiner, der nachts in die Kapelle hineingeht, wieder herauskommt.

Soweit die Geschichten und Sagen, die sich um diese besondere kleine Kapelle ranken.

Mit meiner Oma bin ich nie in diese Kapelle hineingegangen. Vielleicht hatte sie, der Sage folgend, Angst um mich. Erst Jahre später bin ich die Steinstufen hinaufgestiegen, habe nach dem Fußabdruck gesucht und habe mir die urige, hölzerne Kapelle von innen angesehen, stand vor dem kleinen Altar und blickte zur bemalten Decke.

Die Teufelskapelle zwischen Griesenau und Schwendt

*Die Jöchl-Kapelle oder Teufelskapelle
mit den steinernen Treppen*

Was auch noch im hellblauen Zimmer stand

Im Zimmer stand außerdem noch das Spinnrad, an dem meine Oma an manchen Abenden saß und Wolle spann für die handgestrickten Socken, für Strümpfe oder für einen Janker. Da durfte ich ihr interessiert zuschauen.

Sobald eine Spule voll war mit gesponnener Wolle, wurde die Spule umgewickelt zu einem Knäuel.
Ich versuchte, diesen Knäuel zu wickeln, aber meine Hände waren zu klein, er fiel mir immer wieder aus der Hand und kugelte durchs Zimmer. So bewachte ich halt die fertigen Knäuel.

Zwei links, zwei rechts

Sobald meine „Muata" etwas freie Zeit hatte, klapperten eifrig die Stricknadeln. Sie strickte Socken und auch „zwei-links-zwei-rechts" lange Strümpfe. Diese Strümpfe habe ich getragen bis ich etwa 10 Jahre alt war. Sie wurden an einem lachsfarbenen Leibchen mit Strapsen befestigt. Diese Gummistrapse haben aber nie lange gehalten, so dass man Knöpfe und dehnbares Gummiband als Ersatz nehmen musste. Außerdem war ich altersgemäß aus diesen Leibchen bald herausgewachsen, sie waren schnell zu kurz und spannten hinten und vorne.

Die „zwei-links-zwei-rechts" gestrickten Strümpfe habe ich nie gerne angezogen, sie haben auf der Haut schrecklich gejuckt, vor allem, wenn sie vom Regen oder Schnee nass geworden waren. Auch wenn man aufgekratzte Mückenstiche oder verschrammte Knie hatte, klebten diese Strümpfe unangenehm auf der Haut. Aber es gab damals keine Hosen für Mädchen und da war man im Winter schon froh um diese wollenen Strümpfe.

Winterkleidung
„Zwei links- zwei rechts" gestrickte Strümpfe,
dazu die Jacke

Das Nähkästchen

Da war dann noch das bunte Nähkästchen. Abends oder sonntags holte es meine Oma hervor und stopfte an meinen zerrissenen Strümpfen die Löcher an den Knien oder die Triangel an den Kleidern – und das kam oft vor. „Ja, Dirndl, wo hast dich denn da wieder rumgetrieben?" Entweder bin ich in den Brombeerstauden hängengeblieben oder durch einen Zaun geschlüpft, der zu eng war, oder auf dem Heuboden ist an einer Leiter ein Nagel herausgestanden. Geschimpft hat Oma nie; mit Gleichmut und Können wurden alle Risse und Löcher geflickt. Neue Kleider konnten wir uns ja nicht leisten.

Das Nähkästchen,
mit gepresstem Stroh verziert

101

Der große Kasten auf dem Flur

Auf dem Flur in dem großen Haus der Rettenmoser Moidl gab es noch einen geräumigen Kleiderkasten, in dem das Sonntagsgwand meiner Oma hing. Im oberen Fach lag in einer runden, bunt bemalten Spanschachtel ihr Tiroler-Hut, den sie nur an Sonntagen und Feiertagen oder zu Beerdigungen aufsetzte.

In der rechten Hälfte des Kleiderkastens gab es aber noch einen ganz besonderen Schatz. Es hingen auf einen Faden aufgefädelt „Apfelspeitel". Das sind kleine ungeschälte Äpfel von denen das Kernhaus entfernt ist. In dünne Scheiben geschnitten, wurden sie dann auf einen Faden gezogen und zum Trocknen aufgehängt. Dann waren da noch, ebenfalls auf einen Faden aufgefädelt, die kleinen Holzbirnen, die „Kletzen", die an Weihnachten fürs Kletzenbrot gebraucht wurden. Wenn ich eine Belohnung bekam, holte meine Oma ein oder zwei Apfelspeitel aus diesem Kasten, die für mich eine köstliche Süßigkeit waren und man konnte ewig lange drauf herumkauen, bis man das Mus hinunterschluckte.

Oben auf diesem Schrank lagen auf Zeitungspapier ausgebreitet Lindenblüten zum Trocknen. Wenn meine Oma einen Apfel aß, schälte sie ihn vorher, und die dünn geschnittenen Apfelschalen legte sie auch auf diesen Schrank zum Trocknen. In den Wintermonaten gab es dann zum Nachtbrot einen Tee aus Lindenblüten, Apfelschalen und einer kleinen Gewürznelke. Der Tee stand dann am Sonntag den ganzen Tag über auf dem warmen Herdrand und wurde herrlich orangerot, bis er abends ausgetrunken war.

Hitze im Herd und Wärme im Zimmer

Meine Oma musste selbst für ihr Holz zum Kochen und für das Holz zum Heizen im Winter sorgen. Vom Bauern hatte sie die Genehmigung, die „Ranken" zu holen. Das sind die dünnen Äste, die beim Holzfällen von den Stämmen abgeschlagen werden. Wenn die Oma nicht gerade beim Aignerbauern beschäftigt war, gingen wir zusammen in den Wald. Sie hackte das Brennholz in ofengerechte, etwa 30 cm lange Stücke und trug das Holz dann in einer großen Kraxe[*7] auf dem Rücken nach Hause.

Die leere Kraxe

Während der Zeit des Holzmachens im Wald konnte meine Oma kaum auf mich aufpassen. Das war aber auch nicht nötig, denn ich beschäftigte mich dort mit Stallbauen aus Zweigen und Moos, und die Fichtenzapfen waren meine Kühe, die Kiefernzapfen die Schafe. Diese Ruhe der Stunden im Wald sind in mir noch heute angenehm präsent. Diese Walderinnerungen und meine kleinen Landwirtschaften aus Zweigen,

Moos und Fichtenzapfen könnte ich heute noch zeichnen.

Immer wieder konnte ich aber auch mithelfen, die Aststücke einzusammeln und auf die Kraxe zu laden. Das war mein Beitrag, der mir das Gefühl gab, nicht nur anwesend und dabei zu sein, sondern eine Aufgabe zu haben, gebraucht zu werden.

Anschließend schleppte Oma die Kraxe zu Tal, und weil ich den Weg kannte, lief ich immer ein paar Meter voraus, um meiner Oma den Weg zu zeigen, so dachte ich wohl.

Wenn ich im Nachhinein überlege, war die beladene Kraxe deutlich größer als meine kleine Oma. Und auf den steilen, unebenen Waldwegen muss die beladene, kantige Holzkraxe schwer auf den Rücken meiner Oma gedrückt und die Tragegute hart in die Schultern eingeschnitten haben. Außerdem schwankte die Last bei jedem Schritt hin und her und musste ständig ausbalanciert werden. Wirklich mühselig!
Wenn wir daheim ankamen, ging Oma rückwärts an ihren Hackstock und konnte so die schwere Kraxe darauf abstellen und die Gurte lösen. Dann schnaufte sie erst einmal kräftig durch, reckte

sich und schüttelte die schmerzenden Arme und Schultern.

Dann ging die Arbeit weiter, indem sie diese Ranken zu einem Stapel aufschlichtete, damit das Holz trocknen konnte. Da war ich natürlich wieder gefragt, um ihr die einzelnen Scheite zuzureichen.

Wenn die Blaubeeren reif waren

Im August war das Blaubeerpfücken angesagt. Wir gingen zusammen Richtung Griesenau und bogen von dort rechts ab in den Wald. Hier wusste „Muata" große Blaubeerflächen. Meine Oma hatte zwei große Blecheimer dabei. Die Blaubeeren wurden von ihr geriffelt und es dauerte schon eine ziemliche Zeit, bis die zwei Eimer voll waren, obwohl das Pflücken mit dem Riffel wesentlich schneller ging, als wenn man Beere für Beere einzeln abzupfte. Bevor Oma die Beeren aus dem Riffel in den Eimer schüttete, blies sie immer ein paarmal kräftig auf die Beeren, damit die Blätter, die beim Riffeln mit abgestreift wurden, davonflogen und nicht im Eimer landeten.

Zuerst half ich meiner Oma tüchtig beim Pflücken, doch schnell habe ich mich in die Stauden gesetzt und nur noch eifrig Blaubeeren genascht. Meine Finger, mein Mund, das ganze Gesicht waren entsprechend blau gefärbt, und Oma machte sich immer darüber lustig, denn bei ihr waren nur die Finger blau.

Zuhause wurden die Blaubeeren nochmals ausgelesen, von restlichen Blättern befreit, gewaschen, dann in Gläser gefüllt und mit etwas Zucker eingeweckt.

Außerdem gab es aber an solchen Tagen noch köstliche Blaubeernocken (s. Rezept). Süß und fett mussten sie sein, und man hatte den ganzen Tag blaue Zähne und einen blauen Mund. Blaubeernocken sind kleine Küchlein aus Pfannkuchenteig, in den die Blaubeeren eingerührt werden. Diese kleinen Küchlein werden dann in der Pfanne mit viel Butterschmalz knusprig gebacken und mit Zucker bestreut, ein Genuss!

Das „Ribislbrocken" war nicht so meins!

Beim Aignerbauern gab es auch etliche Johannisbeerstauden. Wenn die roten „Ribisln" reif waren, wurden sie geerntet, „gebrockt", wie man in Tirol sagt, und zum Verkauf auf den Markt nach Sankt Johann gebracht. Dabei konnte man nicht einfach die Beeren abstreifen, sondern man musste sie mit dem kleinen Zweig, an dem sie hingen, abbrechen. Einzelne Beeren verlieren nämlich schnell ihren Saft, und die Ernte wird matschig. Anfangs hat mir das Pflücken zwar noch Spaß gemacht, aber nicht lange, dann habe ich meiner Oma lieber nur noch zugeschaut oder ich habe mich im Garten oder im Bauernhof irgendwohin verdrückt. Mir gefielen zwar die roten Beeren, doch ihre Säure und die kleinen Kerne, die sich hartnäckig zwischen meine Zähne setzten, mochte ich gar nicht. Dafür hatte meine Oma aber Verständnis. Gezwungen wurde ich, soweit ich weiß, nie zu etwas.

Immer dabei

All diese kleinen Begebenheiten zeigen, dass mich meine Oma zu allen Tätigkeiten mitnehmen musste, und für mich war es so selbstverständlich, dass ich immer bei der Arbeit dabei war. Ich habe nie gequengelt oder hatte Langeweile. Obwohl kein „Beschäftigungs-, Freizeit- oder Spieleprogramm" auf mich wartete. Es gab für mich immer etwas zu entdecken, auszuprobieren und neugierig kennen zu lernen. Oft war ich dabei ganz versunken in mein einfaches Spiel und in meine Tätigkeiten.

Ich glaube, ich war ein sehr ausgeglichenes, zufriedenes Kind, ich fühlte mich wohl, war überall dabei und hatte stets das Gefühl, gebraucht zu werden und meiner Oma helfen zu können, mit meiner Oma gemeinsam etwas zu schaffen, auf das wir gemeinsam unausgesprochen stolz sein konnten. Diese kleinen Erfolgsgefühle erzeugten in mir viel Zufriedenheit, Selbstbewusstsein und emotional angenehme Bindung ohne ständige Erziehungsautorität, Reglementierung oder gar Drohung und Zurechtweisung im Hintergrund. Das war schön, befreiend und aufbauend!

Der Kesselflicker kommt

Eines Tages hörten wir die Dorfbewohner aufgeregt schreien: „Da Kesselflicker kimmt, da Kesselflicker kimmt". Sofort holte meine Oma eine „Radltruch" (auf einem Rad fahrbare Truhe wie ein Schubkarren) aus dem „Schupfn" (Schuppen).

Hinter der Haustüre im Austraghaus stand eine Kiste, und das ganze Jahr über wurden dort reparaturbedürftige Tiegel, Töpfe, Regenschirme etc. gesammelt, bis der Kesselflicker kam. Weggeworfen wurde nichts; alles wurde wieder hergerichtet, damit es weiter verwendet werden konnte. Man hatte kein Geld, um etwas Neues zu kaufen und hatte auch zu den Dingen des täglichen Lebens eine andere Beziehung als in der heutigen Wegwerfgesellschaft. Es wurde gepflegt, aufgehoben, repariert, umgearbeitet, neu verwendet.

Meine Oma legte also diese Dinge eilig in die „Radltruch" und schnell war sie damit unterwegs. „Halt, Muata, nimm mich doch mit!" „Geh, Dirndl, des geht jetzt net". „Doch, doch!" Da hob sie mich hoch und setzte mich zwischen die Töpfe und alten Regenschirme. So saß ich also zwischen den reparaturbedürftigen Teilen und fuhr einfach mit zum Kesselflicker, dessen Name schon wegen des monatelangen Wartens auf ihn für mich eine besondere Faszination besaß. Was macht der fremde Mann? Was kann der?

„Halt, Halt", rief uns der Altbauer auch noch zu und so schnell er laufen konnte, warf er noch seine zerbeulte Wärmeflasche aus Kupfer auf unser Gefährt. „Die muss an der Naht gelötet werden, da rinnt das Wasser raus", erklärte er uns. „Halt, Halt!" schrie auch die Bäuerin, stürmte aus dem Haus und brachte noch ein paar Scheren, die geschliffen werden sollten, denn der Kesselflicker war zugleich Scherenschleifer.

Vom Kesselflicker war ich dann wirklich fasziniert. Er war ein verwegen aussehender Mann mit Stoppelbart und tiefen Falten im Gesicht, einem alten, breitkrempigen Hut, der schief auf dem Kopf saß. Darunter quollen dichte schwarze, lange Haare hervor. In einem Ohr hatte er einen großen Ohrring (sicher nicht aus Gold), aber einen Mann mit Ohrring hatte ich noch nie gesehen.
Um den Karren des Kesselflickers scharten sich die Frauen aus dem Dorf mit ihren Töpfen und Kannen, und die Kinder umringten ihn, um ihm bei seiner Arbeit zuzuschauen. Auch ich quetschte mich zwischen die vielen Kinder, um ja nichts zu verpassen.

Auf seinem Karren lag sein Handwerkszeug, Lötkolben, eine Stange aus Zinn, Lötfett, Hammer, Zangen, Nägel, Nieten, Kupferblechstücke, ausgediente, schwarze Schirme, von denen eine Stange oder ein anderes Teil vielleicht noch brauchbar war und einfach aus- und umgebaut wurde.

Das war für mich Abwechslung pur und mal was anderes als Kuhstall und Hühner! Alle staunten, als er auf seinen Karren stieg und mit zwei Pedalen wie auf einem Fahrrad seinen Schleifstein ankurbelte um die Scheren zu schleifen. Die Funken sprühten, was ich besonders aufregend fand. Und zum Abschluss klopfte er noch mit dem Hammer auf die Schraube in der Mitte jeder Schere und machte sie demonstrativ mehrmals auf und zu, bevor er sie an die Besitzerin zurückgab und seinen Lohn erhielt.
Mit der Zeit zerstreuten sich die Leute wieder, nachdem ihr Teil repariert war.

Was für ein spannender Tag! Wahrscheinlich bin ich auf dem Heimweg auf der „Radltruch" eingeschlafen, sicher aber dann auf der Heimfahrt in meinem Leiterwagen.

Große Wäsche auf dem Aignerhof

Einmal im Monat war beim Aignerbauern Waschtag, aber nur in den Sommermonaten. Im Waschhaus stand ein großer, gemauerter Ofen mit einem Einsatzkessel aus Kupfer. Die Maridl, die Jungmagd, schürte früh am Morgen das Feuer, kippte Eimer um Eimer Wasser in den Kessel. Wenn meine Oma fertig war mit der Stallarbeit und die Kühe auf die Weide getrieben waren, ging sie ins Waschhaus. Ich durfte nur bis zur Tür mitgehen, denn meine Oma war der Meinung, dass beim Hantieren mit Feuer, heißem Wasser, Dampf und scharfer Waschlauge Kinder nichts zu suchen hätten, da hier zu viele Gefahren lauerten. Und im Nachhinein muss ich ihr Recht geben, wenn ich auch damals gerne dabei gewesen wäre und die Arbeit nur aus der Ferne durch die enge Waschhaustür beobachten konnte.

Zuerst wurde die Wäsche im großen Kessel unter Beigabe von Soda gekocht, mit einem langen Stock umgerührt und dann auf einem großen Tisch mit Kernseife und einer Wurzelbürste geschrubbt.

Die Blauwäsche, also die Arbeitskleidung, wurde auf einer „Rumpel" mit gewelltem Metalleinsatz mit den Händen auf- und ab geschruppt. Bald schon dampfte es gewaltig, und ich konnte meine Oma im Waschhaus in den Dampfschwaden gar nicht mehr sehen, sondern nur hören, wenn sie mit der Maridl sprach.

Beide Frauen schleppten dann die nasse Wäsche in einem hölzernen Zuber zum Bach, der am Haus vorbeifloss. Im Bach wurde dann die Lauge aus der Wäsche gespült. Da durfte ich dann dabei sein und mithelfen, kleine Wäschestücke, Sacktücher (Taschentücher) und Socken auszuspülen. Die Wäschestücke musste ich gut festhalten, damit das Wasser sie mir nicht aus der Hand riss. Dabei war das Wasser eiskalt, so dass die Hände ganz rot wurden und schmerzten. Nach getaner Arbeit war ich genauso nass wie die Wäschestücke. Toll war, wie die Maridl und die Oma dann die Bettwäsche gemeinsam auswringten, bis das ganze Wasser herausgetropft war. Zu diesem Auswringen, Wäscheschleudern gab es nicht, brauchten sie gewaltig viel Kraft. Anschließend wurden die großen Wäschestücke auf die angrenzende Wiese ins Gras zum Trocknen und Bleichen gelegt. Viele Jahre später habe ich gelernt, dass der vom Gras aufsteigende Sauerstoff das Bleichen bewirkte. Manches Stück wurde auch auf eine Leine zum Trocknen gehängt und mit einfachen Holzklammern festgemacht. Das Trocknen übernahmen Sonne und Wind.

Wenn meine Oma abends den Leiterwagen heimzog, sah ich, dass sie ganz aufgeweichte, geschwollene Hände hatte. Da tat sie mir Leid. Zum Glück war nur alle paar Wochen großer Waschtag!

Bei der Kornernte

Es war Sommer, die heiße Luft stand auf den Feldern. Die Bauern hatten viel zu tun mit der Kornernte. Große Dreschmaschinen gab es damals noch nicht. Das Korn wurde mit der Sichel oder teilweise mit der Sense geschnitten und dann zu Garben gebunden. Als „Bindegurte" für die Garben wurden immer mehrere lange Strohhalme auf der Ährenseite zusammengedrillt, um die Garbe geschlungen, auf einer Seite ineinander gedreht und in der Garbe festgesteckt. Die Garben wurden später mit der Gabel auf das Pferdefuhrwerk hoch aufgeladen, das von zwei braunen Kaltblutpferden gezogen wurde.

Die größeren Kinder mussten mithelfen, wir kleineren waren halt mit dabei und freuten uns drauf, hinten am Wagen sitzend mit dem Fuder zu fahren. Wenn das Feld abgeerntet war, gingen die Frauen und Kinder und auch ich das ganze Feld nochmals ab zum Ährenlesen. Wir sammelten die einzelnen Halme auf, die liegengeblieben waren. Jeder Halm war wichtig. Wir liefen über die Stoppeln, ohne Schuhe, und ich kann mich nicht erinnern, dass mich die Stoppeln in die Fußsohlen gestochen hätten. Aber die Hitze unter der prallen Sommersonne merkte ich deutlich; es war fast immer heiß, heiß und staubig, und man bekam ordentlich Durst. Dann gab es kühles Essigwasser, gesüßt mit Zucker. Aus dem irdenen Krug trank jeder, und mir hat das ganz gut geschmeckt, es löschte den Durst vorzüglich und war erfrischend.

An eine Begebenheit erinnere ich mich noch ganz genau. Auf dem Aignerhof war eine Frau Bauer aus München mit ihrem Sohn, dem Berti, zur „Sommerfrische". Der Berti war etwa so alt wie ich.

Als wir so auf dem heißen Kornfeld rumsaßen und warteten, sah der Berti plötzlich, dass sich unzählige Bremsen auf dem Pferdebauch versammelt hatten. Die Pferde waren eingeschirrt und vor den Wagen gespannt. Es war für die Pferde sicher ganz unangenehm mit diesen vielen Bremsen, sie zuckten mit dem Fell, schlugen mit dem Pferdeschwanz um sich, traten auch manchmal mit den Hufen nach den Plagegeistern.
Das beobachtete auch der Berti. Er wollte den Pferden etwas Gutes tun, nahm einen Eimer mit Wasser, der für die Tränke der Pferde gedacht war, und schüttete diesen Schwall Wasser auf den Bauch der Pferde, um die lästigen Bremsen zu vertreiben. Doch die Rösser waren dadurch natürlich total erschreckt und gingen samt Wagen

durch, rasten über das teils abgeerntete Kornfeld, vorbei am Bauernhof und kamen erst an einem Weidegatter hinter dem Hof zum Stehen. Der Knecht Hias rannte dem Fuhrwerk schreiend und gestikulierend nach, beruhigte schließlich die Pferde und holte das Gespann zurück. Passiert ist nichts, aber der Schreck für alle war groß. Am meisten waren Berti und seine Mutter froh, dass die „Pferdewohltat" keine weiteren Folgen hatte. Aber auch mir steckte der Schrecken noch lange in den Knochen.

Anna Spitzer, etwa 50 Jahre

Gasteig 1946

Es war ein Sonntagnachmittag, ich saß gerade auf der Mehltruhe und legte mit meinen Bauklötzen ein Muster, alle roten Seiten nach oben. Da klopfte es an unserer Wohnungstüre. Meine Oma ging um zu öffnen, und draußen stand ein großer Mann in schmutziger, grauer Uniform, mit verdreckten Schuhen, knochigem Gesicht und eingefallenen Augen.

"Oh mei, der Willy", rief meine Oma und schlug die Hände über dem Kopf zusammen. Der fremde Mann trat ein und ließ seinen Rucksack fallen, setzte sich auf „meinen" Stuhl und fing an zu schluchzen. Ich verstand die Welt nicht mehr.

Nach einiger Zeit zog meine Oma die Waschschüssel aus dem Küchenbüffet, füllte warmes Wasser ein, legte Seife und ein frisches Handtuch dazu, und so konnte sich der fremde Mann erst einmal waschen. Er wusch sich mit nacktem Oberkörper und ich weiß noch, dass er sehr dürr war und unzählige Abszesse am Körper hatte. Beides wollte mir nicht recht gefallen!

Der fremde Mann kam weinend auf mich zu: „Mein kleines Bärbele…". Ich rannte verängstigt und ablehnend weg und verkroch mich hinter meiner Oma. „Schick doch diesen fremden Mann weg", habe ich Oma gebeten. Ich konnte ja nicht wissen, dass das mein Vater war, der direkt aus russischer Kriegsgefangenschaft gekommen war, ausgehungert, schmutzig, kaputt, erschöpft und müde. Mein kleines Weltbild kam ins Wanken…

Da war er also, dieser fremde Mann, der die Zweisamkeit zwischen meiner Oma und mir störte. Gut habe ich noch die Stimme meines Vaters im Ohr, die mir viel zu laut erschien. Auch das störte mich in unserem kleinen hellblauen Zuhause.

Und es kam noch schlimmer.

Einige Tage später kam da auch noch eine fremde Frau. Sie sagten: „Das ist deine Mutti". Mein Alltag geriet gewaltig durcheinander; ich konnte schon mit der Bezeichnung „Mutti" nichts anfangen, geschweige denn mit der zwar freundlichen, doch mir völlig fremden Frau, die mich streicheln, in den Arm nehmen und auf ihren Schoß setzen wollte, die anscheinend wichtiger als meine Oma war.

Meine Oma ging zwar immer noch jeden Tag zum Aignerbauern, aber sie nahm mich nicht mehr mit. Ich konnte die neue Situation weder erfassen noch durchschauen; meine Gefühle schlugen Purzelbäume; ich verstand die Welt nicht mehr. Meine heile kleine Welt war schlagartig getrübt und durcheinander. Es fehlte auch eine echte Beziehung zu den beiden Menschen, die meine Eltern waren. Meine Bezugsperson war meine Oma.

Eine sachlich und emotional sehr, sehr schwierige Situation für ein Kind aber sicher auch für die drei Erwachsenen!

Die Moidl, die Hausbesitzerin, gab meiner Oma eine weitere Kammer auf dem Flur, unserem Zimmer gegenüber.

Dieses Zimmer kam mir sehr dunkel vor, es ging wohl nach Norden, war nie vorher bewohnt, roch muffig und war kalt. In diesem Zimmer standen zwei Betten, zwei Nachtkästchen und zwei große Schränke. Hier schliefen nun meine Eltern. Aber ich durfte wenigstens weiterhin im Bett bei meiner Oma schlafen.

Mein Vater hatte mir aus Ungarn eine Puppe mitgebracht, die ich jedoch überhaupt nicht beachtete, denn ich liebte anderes Spielzeug.
Erst Jahre später wurde mir bewusst, dass er die Puppe auf dem ganzen Rückzug aus Russland, in

der Kriegsgefangenschaft und auf der Flucht für mich mitgeschleppt hatte.

Im Nachhinein fällt mir auf, dass ich nie mit Puppen gespielt habe, auch nicht mit Teddybären, nicht mit einem Kaufladen oder mit Puppengeschirr. Mein Spielzeug waren meine bunten Bauklötze, Fichtenzapfen, Hölzer, Moos, der Bach beim Aignerbauern, die Tiere und später ein Ball.

Diese Erfahrung meiner Eltern mit ihrem entfremdeten Kind, das so sehr an seiner Oma hing, muss für meine Eltern wirklich sehr enttäuschend und ernüchternd gewesen sein. Doch ich konnte mich nicht verstellen und habe mich erst in kleinen, zaghaften Schritten an die neue Situation gewöhnen können.

Bärbel, 4 Jahre:
die Augen sprechen Bände…

Doch eines Tages waren mein Vater und meine Mutter weg, einfach verschwunden. Ich weiß nicht, ob ich erleichtert war. Wieder eine neue Situation für mich!

Ich besuchte zwar beim Aignerbauern die Kühe und auch die Hühner, Schafe und Katzen, aber ich hatte das Gefühl, dass sich alles verändert hat. Zu allem Unglück war mein dunkelgrüner Leiterwagen weg. Soviel ich auch suchte, er blieb verschwunden. Meine Oma versuchte mir zu erklären: „…den haben deine Eltern mitgenommen und darauf ihre Habseligkeiten verstaut, denn sie mussten bei Nacht und Nebel über die österreichische Grenze nach Deutschland fliehen", was ich nicht so recht verstand. Ich vermisste meinen Zufluchtsort, meinen Leiterwagen, der mir Geborgenheit gab, meinen Ruhepol und Rückzugsort im großen Flur des Bauernhauses beim Aigner in Verbindung mit meiner gehäkelten, dunkelgrauen Decke und meiner Milchflasche. Ich war sehr traurig.

Aber ich merkte recht schnell, dass mein Problem mit Weinen nicht zu ändern war. Nun musste ich an der Hand meiner Oma in der Frühe den ganzen Weg zu ihrer Arbeit laufen und zurück auch wieder, aber ich war ja inzwischen schon groß, vier Jahre alt!

Das Gute an dieser ganzen Situation war aber, dass ich meine Oma nun wieder ganz für mich alleine hatte, am Sonntag auf dem Kirchgang wieder ihre warme Hand spüren konnte und anschließend ein gutes Essen auf dem Herd stand…

Was war passiert?

Tirol war nach dem Zusammenbruch des Deutschen Reiches von den Franzosen besetzt. Es hieß plötzlich: „Alle Deutschen müssen Österreich verlassen, sonst kommen sie in ein Lager". Da sind meine Eltern bei Nacht und Nebel über die österreichisch-deutsche Grenze zu Fuß über Schwendt und Kössen geflüchtet. Und auf dem dunkelgrünen Leiterwagen transportierten sie Bettzeug und etwas für die ersten Tage zum Essen.

Es gab in der Gegend zwei Wege von Österreich nach Deutschland. Einer führte durch die Loferklamm, eine enge Schlucht entlang dem Wildbach Lofer. Hier befindet sich noch heute die offizielle Grenze mit Schlagbaum. Damals wurde das Gebiet von der französischen Armee auf österreichischer Seite und von amerikanischen Soldaten auf deutscher Seite kontrolliert. Der andere Weg war 2 km weiter und schlängelte sich über den Moserberg. Dieser Weg verlief ab Kössen fast nur durch einsamen Wald, hier traf man fast nie auf Grenzpatrouillen. Diesen Weg über den Moserberg nahmen meine Eltern, konnten so ungehindert die Grenze passieren und kamen bei Birnbach, das aus ein paar Bauenhäusern bestand, auf deutsches Gebiet. Der erste deutschbayerische Ort war Reit im Winkl, unmittelbar an der Grenze gelegen und damals noch ein kleines Bergdorf.

Bei dieser Flucht konnten sie mich natürlich nicht mitnehmen. Sie wussten ja nicht, ob sie es sicher über die Grenze schaffen würden, wohin sie gehen sollten und was sie erwarten würde…

Reit im Winkl im Winter

In Reit im Winkl bekamen sie als Flüchtlinge zuerst eine Stube zugewiesen hoch oben am Berg
beim Jederer. Später erhielten sie ein kleines Zimmer im 1. Stock beim Neuhauserbauer direkt im
Dorf.
Reit im Winkl war nach dem Krieg von den Amerikanern besetzt.
Da mein Vater ausgebildeter Feuerwerker war,
musste er für die Amerikaner alle gefundenen
Waffen, Granaten, Bomben und Munition ent-
schärfen. Geld bekam er nicht, aber jeweils eine
Essensration, die wohl wichtiger war als Geld.

Geburt meiner Schwester Christa

Auf der Flucht aus Österreich nach Deutschland war meine Mutter schwanger und im Dezember, im tiefsten Schneewinter, in diesen aufregenden Nachkriegswirren, wurde meine Schwester Christa geboren.

Dieser Winter 1946/47 war in Deutschland einer der kältesten und schneereichsten Winter, dazu gab es eine katastrophale Hungersnot und Brennstoffmangel.
Aus Erzählungen weiß ich, dass zu allen damaligen Problemen noch hinzukam, dass Christa als neugeborgener Säugling Keuchhusten und Erstickungsanfälle bekam und meine Mutter nächtelang auf dem Balkon in der Kälte um das Leben dieses Mädchens kämpfte. Es hat sich gelohnt; Christa hat die schlimme Zeit überlebt und ist bald gesund geworden.

Damals war ich immer noch bei meiner Oma in Tirol. Meine Eltern, Christa und ich, also 4 Personen, hätten in Reit im Winkl in diesem kleinen Zimmer auch gar keinen Platz gehabt.

Die Grenze zwischen Deutschland und Öster-reich war eigentlich unpassierbar. Aber meine Oma versorgte meine Eltern in diesen schweren Hungerzeiten so gut es ging mit Lebensmitteln. Sie lief die 20 km mit dem Rucksack von Gasteig alleine über den einsamen Pfad am Moserberg bis zur österreichisch-deutschen Grenze und über-gab meinen Eltern, die auch dort hinkamen, ein Stück Speck, einen Krautkopf, Eier, Mehl und Kartoffeln und was es gerade auf dem Bauernhof gab. Sie musste dann den ganzen Weg nach Gasteig wieder zurücklaufen und nahm auf dem Rückweg irgendwann auch „meinen" Leiterwa-gen wieder mit, was mich besonders freute.

Ein denkwürdiger Tag

Dann kam aber für mich der Tag des Umzugs. Der Leiterwagen wurde wieder von meiner Oma vollgepackt mit Verpflegung, und ich saß oben drauf. Sie zog den schweren Leiterwagen die ein-samen 20 km durch den Wald über den Moser-berg. An der Grenze übergab mich meine Oma mitsamt dem vollbeladenen Leiterwagen an meine Eltern. Ob ich die Tragweite dieses Augen-blicks und den Einschnitt in meinem Leben da-mals voll erfasst habe, glaube ich nicht.

Ein neuer Anfang
Reit im Winkl 1948

Erst als der Neuhauserbauer meinen Eltern noch ein weiteres Zimmer ein Stockwerk drüber dazu gab, konnten mich meine Eltern damals mit knapp 6 Jahren zu sich holen.

Meine Eltern und meine kleine Schwester Christa schliefen oben in dem zusätzlichen Zimmer, und ich hatte mein Bett unten in unserem „Wohnzimmer" auf dem Sofa. Ohne meine warme „Muata" im Bett, auf einem ungewohnt breiten Sofa habe ich mich in dieser Umgebung anfangs sehr, sehr alleine gefühlt. Ich dachte mir: „Die zwei Leute sind ja ganz nett zu mir, meine Schwester ist auch putzig, aber die Katzen auf dem Aignerhof sind mir doch lieber, und das Essen in Gasteig war auch besser, eigentlich will ich wieder zur „Muata" und in mein hellblaues Himmelreich".

Meine Eltern erzählten mir später, dass ich vom Balkon aus meine neuen Spielsachen einfach hinunter auf die Straße geworfen habe. Ich glaube, es waren Spielsachen, mit denen ich nichts anfangen konnte und mit denen ich nicht spielen wollte.

Sicher war es auch ein aus jetziger Sicht verständlicher Protest gegen meine erneute „Verpflanzung" in eine mir unbekannte Welt mit zunächst wenig emotionaler Bindung an meine leiblichen Eltern, an die neu hinzugekommene Schwester und die Gegend, die Menschen rundum und an die mir neuen Strukturen und Gewichtungen des Tagesablaufs.

Mich daran zu gewöhnen, brauchte einige Zeit und viel Geduld auf beiden Seiten. Wie es meiner Oma ohne mich erging, weiß ich nicht; sie hat nie darüber gesprochen, sie machte das mit sich selbst aus, wie es ihre Art war…

Reit im Winkl, 1. Klasse

Erst als ich in die Schule kam, wurde es anders. Ich bekam einen Schulranzen aus Kuhfell, eine Schiefertafel mit Griffel, der immer ein furchtbares Geräusch erzeugte, das mir in den Ohren wehtat. Außen am Schulranzen hing ein Schwamm, mit dem man angefeuchtet die Schiefertafel putzen konnte. Und ein handgehäkelter Lappen diente zum Trockenwischen. Bücher hatten wir keine.

Aber die Schule war für mich etwas Neues, ich war reif für dieses Lernen, ich war wissbegierig und neugierig. Ich brauchte Abwechslung und Anregung; ich war schulreif! Ich freute mich jeden Tag auf das Lernen neuer Buchstaben, die ich schreiben durfte, und auf neue Wörter, die ich lesen konnte. Und bald schaffte ich es alleine, Wörter in der Zeitung oder Ortsschilder zu buchstabieren und zu lesen, worauf nicht nur ich, sondern auch meine Eltern und der Lehrer sehr stolz waren.

Die 1. Klasse besuchten damals mindestens 50 Kinder aller Nationen. Da wurde mir zum ersten Mal bewusst, dass es andere Sprachen gab, die ich nicht verstehen konnte und verwundert stellte ich fest, dass viele dieser Kinder meine Sprache

auch nicht verstehen konnten. Ich sprach den Dialekt meiner österreichischen Oma, der auch nicht genau zum Dialekt der Bauernkinder aus Reit im Winkl passte, von den anderen Sprachen und Dialekten in der Klasse ganz abgesehen.
Aber wir Kinder verstanden uns oft auch ohne vieles Reden, wir spielten, balgten und lernten miteinander unter einfachsten Bedingungen.

Ich hatte einen Freund, den ich jeden Morgen auf dem Schulweg abholte, er hieß Gatschika. Wie ich mich mit Gatschika unterhalten habe, weiß ich nicht mehr. Seine Eltern kamen aus Rumänien. Der Familie hatte man von der Gemeinde ein kleines Zimmer im „Gasthof zum Unterwirt" zugeteilt. Hinter der Kirche lag auf unserem Schulweg die Drogerie Pirner. Um die Advents- und Weihnachtszeit waren im Schaufenster Krippenfiguren ausgestellt, Maria und Josef, Schafe, Pferde, alles was zu einer richtigen Krippe gehört. Das war interessant, und Gatschika und ich konnten uns nicht satt sehen an diesem Schaufenster. Vor allem auf dem Nachhauseweg von der Schule drückten wir uns an dem Schaufenster die Nasen platt. So lange, bis es Gatschika zu kalt wurde. Er hatte keine Winterkleidung; seine Füße steckten barfuss in den Schuhen, die Hose war dünn und zu kurz. Mir war warm, denn ich hatte die von meiner Oma gestrickten „zwei-links-zwei-rechts" langen Strümpfe, die bis über die Knie reichten. Auch trug ich eine dicke, graue Jacke, die mir meine Oma aus dunkelgrauer Schafwolle mit klappernden Nadeln in nächtelanger Arbeit gestrickt hatte. Eingefasst war sie mit einem grünen Häkelrand und geschmückt mit goldfarbenen Knöpfen. Dazu steckten meine Hände noch in übergroßen Fäustlingen aus der gleichen Wolle. Hosen gab es damals für Mädchen nicht, auch keinen Anorak, aber ich war in der Kälte gut verpackt.

Eines Tages, ich wollte Gatschika – wie immer - auf dem Schulweg frühmorgens abholen, kam er nicht zum üblichen Platz. Seine ganze Familie war einfach weg. Wohin? Ich erfuhr es nie. Ich war traurig. Was ist wohl aus ihm geworden, das würde mich schon interessieren. Leider weiß ich nicht einmal seinen Nachnamen.

So richtig gute Freunde hatte ich in den ersten Jahren in Reit im Winkl sonst noch nicht. Ich war ja ein Flüchtlingskind, da wollten die „Einheimischen" nichts damit zu tun haben. Außerdem war ich evangelisch in einem damals noch rein katholischen Bergdorf. Eigentlich, so muss ich im Nachhinein feststellen, war der evangelische Glaube der Eltern das größte Hindernis zu schnellen, unkomplizierten Kontakten und Freundschaften.

Ein schöner Aufenthaltsort für mich war trotzdem die gleich in der Nachbarschaft befindliche katholische Kirche. Dort fand ich zuerst schon mal den Weihwasserspender aus Granit am Kircheneingang interessant. Ich stieg auf den daneben stehenden Hocker und tauchte tüchtig meine Hand ins Weihwasser, denn das hatte ich von den Katholiken gesehen und war mir sicher, dass diese Geste eine besondere Wirkung haben musste. Außerdem kannte ich ja das Benetzen mit geweihtem Wasser aus dem Kessel von meiner katholischen Oma und den sonntäglichen Gottesdienstbesuchen mit ihr.

Vorne vor dem Altar lagen die „Wandlungsglocken", die klangen so schön, wenn ich sie schüttelte. In den Gottesdiensten saß ich – obwohl

evangelisch - meistens ganz vorne auf den Altar-
stufen, dann konnte ich den Herrn Geistlichen
Rat singen hören. Und am Ende des Gottesdiens-
tes ging der Kaplan mit dem dicken Weihwasser-
pinsel durch die Kirche, verspritzte das Weihwasser und segnete seine Gemeinde, links die Frauen
und rechts die Männer. Auch ich habe oft Weih-
wasserspritzer abbekommen.

Am Kirchenausgang stand eine Spendendose mit
einer Figur mit dunkler Hausfarbe. Wenn die
Kirchenbesucher ein Geldstück einwarfen, be-
wegte die Figur den Kopf als Dankeschön. Ich
stand oft lange daneben und war fasziniert von
der Bewegung des „Nick-Negers", wie ihn die
Leute nannten. Vorstellen konnte ich mir die
Funktion nicht, aber ich hätte gerne selbst mal ein
Fünferl oder ein Zehnerl hineingeworfen. Heute
weiß ich, dass das eine Missions-Spendendose
war und die Figur stellte einen Menschen mit
dunkler Hautfarbe dar.

An Pfingsten war es besonders schön und span-
nend in der katholischen Kirche, denn da wurde
der „Heilige Geist" als hölzerne Taube vom Altar-
raum bis unters Kirchendach hochgezogen.
Auch auf dem angrenzenden Friedhof trieb ich
mich oft herum, besonders wenn es eine „Leich"
gab. Die Toten wurden im Leichenhaus in einem
offenen Sarg aufgebahrt und man konnte „Lei-
chenschauen" gehen. Das war schön-gruselig!

In den ersten Schuljahren hatten wir zwei nette
Lehrerinnen, Fräulein Schrott und Fräulein

Horn. Aber es gab auch einen Lehrer, der von uns Kindern gefürchtet wurde. Er war kriegsverletzt, hatte am Kopf eine große Narbe, und es ging das Gerücht, er hätte nur noch ein halbes Hirn. Wenn er zornig war, brüllte er durchs Klassenzimmer und schimpfte über unsere Frechheit, Unwissenheit und Dummheit. Es gab auch einen Rohrstock. Den spürten vor allem zwei Buben, der Sacher Hans und der Holzer Josef. Wenn sie irgendetwas aus der Sicht des Lehrers ausgefressen hatten, dann mussten sich die beiden über die vorderste Bank legen und dann gab es Hiebe auf den Hintern. Die beiden schrien lautstark, und wir anderen Kinder krochen unter die Schulbänke. Es gab aber auch „Tatzen" (Schläge mit dem Rohrstock auf die Finger und Hände) zu jeder kleinsten Verfehlung.

Ich sollte einmal hinter der Tafel ein Blechgefäß mit Kakao der „Schulspeisung" umgestoßen haben und bekam sofort eine Tatze, die ich bis heute spüre, weil sie total ungerecht war. Ich habe gesehen, wie die Kornbichler Erna das Gefäß umgeschmissen hat, aber verraten habe ich sie nicht.
Den Kakao gab es zur Schulspeisung[8] und am Samstag dazu jeweils noch eine Semmel und eine kleine Tafel bittere Schokolade. Die Semmel und der Kakao waren gut, die Schokolade war mir zu bitter und zu mehlig. Außerdem gab es Erbsen-,

Linsen- oder Kartoffelsuppe, aber ohne ein Wienerle. Für die Schulspeisung in der Pause hatte jedes Kind ein Gefäß und einen Löffel von Zuhause dabei.

Die Schulspeisung war eine wohltätige Initiative der amerikanischen Besatzungsmacht, die auch sogenannte „Carepakete" an die hungerleidende deutsche Bevölkerung verteilte oder schicken ließ.

Wieder einmal war der Herr Lehrer wütend und packte die hölzerne Griffelschachtel vom Steiner Sigi, warf sie zornig mit Schwung aus dem Fenster auf den Schulhof. Pech war nur, dass das Fenster geschlossen war und die Glasscheibe in tausend kleine Scherben zerbarst. Einen Ersatz für die Glasscheibe gab es damals nicht. Das Fenster wurde mit einem Pappdeckel zugeklebt und musste den ganzen Winter und auch noch länger halten, bis endlich wieder eine Glasscheibe aufzutreiben war.

Mein Vater hat mir manchmal aus dem „Struwwelpeter" vorgelesen. Das gefiel mir. Die Geschichten von Max und Moritz und der Witwe Bolte, vom Lehrer Lämpel, vom Schneider Böck und vom Onkel Fritze kann ich noch heute auswendig. Wenn die Maikäfer beim Onkel Fritze gekrabbelt kamen und mein Vater hat mich an den Fußsohlen gekitzelt, konnte ich herzlich lachen.

Aber sonst hatte ich keine Bücher zum Anschauen, mir hat auch niemand vor meinem Schuleintritt Buchstaben, Zahlen oder gar das Zusammenzählen beigebracht und ich konnte bei Schulbeginn nicht meinen Namen schreiben, wie das bei heutigen Kindern vor Schuleintritt meist der Fall ist. Das war damals nirgends üblich; die Leute hatten ganz andere Sorgen.

Aber die Schule hat mir trotz einiger oben geschilderter „Unebenheiten" Spaß gemacht. Im Lesen war ich immer die Beste, im Aufsatz und in Deutsch auch. In allen Zeugnissen in meinem Leben steht hier immer die Note „sehr gut". Lernen und Neugier begleiteten mein ganzes Leben bis in die Jetztzeit.
Ich konnte schon bald kleine Geschichten selbst lesen; und ein paar Jahre später auch alle Grimms Märchen und die Deutschen Heldensagen. Diese Bücher schickte uns ein Berliner Freund meines Vaters, Richard Kurz. Das war schon ein besonderes Geschenk! Diese von mir oft gelesenen Bücher tragen deutliche Gebrauchsspuren und ich habe sie heute noch, sie sind für mich immer noch sehr wertvoll.

Episoden und weitere Eindrücke aus meinen Kindertagen

In der ersten Zeit in Reit im Winkl hatte ich oft Hunger, was ich von Gasteig überhaupt nicht kannte. Jetzt gab es keine Milchkammer, in die ich einfach gehen konnte, um einen Schöpfer Milch zu holen, es gab keine Bäuerin, die mir eine Rohrnudel zugesteckt hätte, es gab kein Butterbrot wie bei der Oma.

Im Hof vom Neuhauserbauer in Reit im Winkl stand ein großer Baum mit kleinen roten Äpfeln. Ich saß oben am Fenster und wartete darauf, dass ein Äpfelchen herunterfiel. Schnell sauste ich dann hinunter und freute mich über das kleine Geschenk der Natur.

Im Eckhaus gegenüber vom Neuhauserbauer war der Heigenhauser mit einem kleinen Lebensmittelladen. Man stieg ein paar Stufen hoch und konnte dort die Lebensmittelmarken*9 einlösen, man bekam dann die zugeteilte Menge Mehl, Zucker, Sanella, Kartoffeln usw.

Auf dem Ladentisch stand ein Glasgefäß mit einem Blechschraubdeckel. Die Frau Heigenhauser holte daraus ein rotes Bonbon in Form einer großen Himbeere und schenkte es mir. Ich hielt es fest in meiner kleinen Hand und sagte: „Und bitte für meine Schwester auch noch eins". Sie griff nochmal in das Bonbonglas und legte mir in die andere Hand auch noch ein rotes Bonbon. Auf dem Heimweg schleckte ich einmal vom Bonbon in der linken Hand und einmal von dem in der rechten Hand. Das waren die ersten Bonbons in meinem bisherigen kleinen Kinderleben, da war ich 6 Jahre alt.

Wenn wir einen Laib Brot auf unsere Lebensmittelmarken zugeteilt bekamen, wurde er erst einmal zum Altern und Festwerden für 2 Tage weggesperrt. Bekanntlich isst man von backfrischem, knusprigem Brot mehr, und das sollte in der Knappheit vermieden werden. Dabei hätte ich so gerne frisches, knuspriges Brot gegessen. Später, als ich zum Einkaufen geschickt wurde, habe ich voll Heißhunger manchmal (mit schlechtem Gewissen) vom frischen, duftenden Brot den Kanten abgebissen und genossen.

Gegenüber unserer Wohnung beim Neuhauser war die Schusterwerkstatt vom Herrn Rotbart. Der Herr Rotbart hatte eine eigenartige Sprache; er rollte das „R" ganz besonders betont. Heute weiß ich, dass er aus Ostpreußen stammte. In dieser Schusterwerkstatt war es für mich immer interessant, die vielen Schuhe, die Werkzeuge und

Leisten zu sehen und den besonderen Lederge-
ruch zu atmen. Besonders angetan war ich vom
großen Schwungrad der Nähmaschine und
durfte auch manchmal dran drehen, bis ich mir
einmal den Kurbelgriff des Schwungrads an den
Kopf geschlagen habe, dann habe ich es nicht
mehr angefasst.

Bei uns im ersten Stock wohnte auch noch die
Kathi Auer in einer ganz kleinen Kammer mit
Küche. Die Kathi war in meinen Augen sehr alt,
groß, dünn, mit grauen Haaren und einem Dutt
und immer mit einer schwarzen Kittelschürze be-
kleidet. Sie lachte nie. Auf mich wirkte sich immer befremdlich und unnahbar.
Dann gab es im Haus auch noch den Michei.
Wenn es Mittag war, saß er bei der Kathi am Kü-
chentisch. Der Michei war taubstumm.
Zu beiden hatte ich eigentlich wenig Kontakt.

Der Michei auf dem Balkon beim Neuhauserbauern.
Auf seinen Knien sitzt meine Schwester Christa.

Vor unserem Zimmer befand sich die Tenne.
Dort war auch in einem Holzverschlag das gemeinsame Plumpsklo, ebenfalls aus Holz mit einem schweren Deckel drauf. Im Winter war es
dort ungemütlich kalt, der Wind pfiff durch die
Ritzen im Stadel und es war dunkel. Licht gab es
nur durch eine Laterne mit einer Kerze. Alle im

Haus benützten dieses einzige Klo, das man vor allem an feuchtheißen Tagen schon von weitem roch. Es gab kein Wasser zum Nachspülen, alles fiel einfach ein Stockwerk tiefer auf den Misthaufen.

Für mich war es immer schwer, den Klodeckel beiseite zu schieben, auch war das Klo sehr hoch, wenn ich mich draufsetzen musste. Neben dem Klo lagen immer alte Zeitungen, Klopapier kannten wir nicht. Hygiene? Dieses Wort war damals unbekannt. Ich mag gar nicht mehr dran denken…

Beim Neuhauserbauern gab es ein Waschhaus mit einem Kessel, der mit Holz befeuert wurde. Wenn nicht gerade Wäsche gewaschen wurde und die Zuckerrüben erntereif waren, wurde in diesem Kessel Sirup gekocht. Das bedeutete tagelanges Rühren, bis dieser Rübensaft zu einem dunkelbraunen Rübensirup eingedickt war. Wenn ich mich recht erinnere, hat diese ganze Prozedur für mich nicht sehr angenehm gerochen und ich bin dem Geruch aus dem Weg gegangen. Diesen dunkelbraunen, klebrigen Sirup gab es dann zum Frühstück aufs Sanella-Brot. Die Margarine war damals als Würfel in Papier abgepackt. Wurst kannten wir überhaupt nicht.

Da mein Vater für die Amerikaner arbeiten musste, bekam er einmal ein Fass Sauerkraut geschenkt. Die Amerikaner wussten wahrscheinlich nicht, ob man so ein fasriges Zeug überhaupt essen konnte. So gab es bei uns täglich eine Portion Sauerkraut. Nach einigen Tagen Durchfall hat sich der Körper an das Sauerkraut gewöhnt und wir haben es alle gut vertragen.

Ein anderes Mal bekam mein Vater eine Kiste Orangen von den Amerikanern . Was für ein Geschenk! Wir freuten uns alle! Aber, als wir die Holzkiste öffneten, waren alle Orangen schimmlig. Das war die größte Enttäuschung, an die ich mich in diesen jungen Jahren entsinnen kann.
Mein Aha-Erlebnis, das ich über die fremden Sprachen und Menschen hatte, steigerte sich noch, als ich zum ersten Mal einen dunkelhäutigen, amerikanischen Soldaten sah. Mir blieb die Spucke weg, der war ja so schwarz wie die Bitterschokolade aus der Schulspeisung. Ich hatte zwar schon bei den Krippenfiguren im Schaufenster beim Pirner gesehen, dass einer von den heiligen drei Königen eine dunkle Hautfarbe hatte, aber so schwarz war der Melchior dann doch nicht! Der amerikanische Soldat hat wohl meine Verwunderung gesehen, lächelte mich mit seinen weißen Zähnen an und schenkte mir ein Bonbon, wie ich meinte…

Ich steckte es in den Mund, aber man konnte es nicht lutschen, sondern es wurde ganz weich und man konnte darauf immerzu herumkauen. Das fand ich natürlich ganz toll. Diesen kleinen grauen Klumpen hütete ich und klebte ihn an den Rand meiner Schiefertafel. Wenn ich Lust hatte, kaute ich ein paar Mal drauf herum, um ihn dann wieder auf dem Holzrahmen meiner Schiefertafel zu parken. Das war mein erstes Chewing-Gum-Erlebnis.

In all diesen Jahren und auch bis zu meinem 8. Lebensjahr war ich nie krank, hatte weder Husten noch Schnupfen. Epidemien, die besonders nach dem Krieg häufig auftraten, wie Keuchhusten, Diphtherie, Scharlach, Masern, Kinderlähmung, Röteln, Windpocken und Mumps sind an mir vorübergegangen. Mit 8 Jahren hatte ich eine Hepatitis, woher auch immer. 1950 gab es keine Medikamente dagegen, und das Allheilmittel war Kamillentee. Den musste ich literweise trinken und kann ihn seither nicht mehr riechen.

In späteren Jahren, mit über 60, habe ich mich bei meinen Enkelsöhnen mit Windpocken angesteckt, und die Krankheit hat mir massiv zugesetzt, mit Krankenhausaufenthalt, künstlicher Ernährung und Lähmungen, die sich – dank rechtzeitiger, reichlicher Cortisongaben im Krankenhaus – völlig zurückgebildet haben.
Bis heute habe ich alle meine Zähne und nur zwei Backenzähne sind plombiert.

Es muss 1949 gewesen sein, als es endlich zwischen Reit im Winkl und St. Johann eine Postbusverbindung gab. Nun konnte meine Oma tageweise zu Besuch kommen. Häufig kam sie, wenn der große Waschtag geplant war. Sie kam dann aber auch im Sommer und brachte 2 große Eimer köstliche selbst gesammelte Blaubeeren mit.

Meine Ferien durfte ich meistens in Gasteig verbringen, nur einmal schickten mich meine Eltern nach Berlin zu meiner Cousine Ingrid. Ich dachte, das wird was ganz Besonderes, doch an diesen Sommer habe ich nur schlechte Erinnerungen.
Später, als ich verheiratet war und bei Ulm wohnte, holte ich meine Oma jedes Jahr für ein paar Wochen zu mir.

Meine Oma war schon über 70, als sie auf der Fischbachalm im Kaiserbachtal noch in der Küche mitarbeitete. Damals, ich war 15 Jahre und in der Lehre als Apothekenhelferin, verbrachte ich jedes Wochenende mit meinen Kletterkameraden im Wilden Kaiser und hier meistens auf der Fritz-Pflaum-Hütte, einer kleinen Selbstversorgerhütte im Griesner Kar. Nach unseren Klettertouren schaute ich am späten Sonntagnachmittag auf der Fischbachalm bei meiner Oma vorbei. Wenn sie Zeit hatte und gerade nicht in der Küche gebraucht wurde, bekam ich dann einen großen Teller Kaiserschmarrn.

Abschied

Kurz vor ihrem Tod konnte meine Oma noch meinen jetzigen Mann kennenlernen und freute sich über meine neue Zukunft. Vielleicht hat sie darauf gewartet, dass ich nach meiner Scheidung wieder einen passenden Partner finde, denn kurz nach dieser Begegnung ist sie friedlich eingeschlafen.

Wenn jemand in Tirol stirbt, gibt es „Totenzettel" oder sogenannte „Sterbebildchen".[*10]

Christliches Andenken

an meine liebe Mutter, Großmutter,
Urgroßmutter, Schwester und Schwägerin

Frau Anna Spitzer

geb. Dagn

welche am 17. Dezember 1977, nach länge-
rem schwerem Leiden, im 90. Lebensjahr,
von uns geschieden ist.

Sie ruhe in Frieden !

Liebste Mutter, ruhe aus!
Deine Lieb' und Sorg' hienieden
Lohn Dir Gott im Vaterhaus.
Ruhe sanft in Gottes Frieden.

HUTTER-DRUCK ST JOHANN/TIROL.

Anna Spitzer ist am 17. Dezember 1977 gestorben.
Sie wurde fast 90 Jahre alt.

Meine Oma war ihr ganzes arbeitsreiches Leben nie krank, war bei keinem Arzt und hat die schwere, ansteckende Tuberkulose ihres Mannes unbeschadet überstanden. Nur ihr Augenlicht nahm etwas ab. Da ließ sie sich mit 72 Jahren eine Brille verordnen. Die Brille setzte sie dann aber doch nie auf, sondern nahm eine TOGAL-Tablette und war überzeugt: „So, jetzt sehe ich wieder besser".

In späteren Jahren ließ auch ihr Gehör nach. Wir kauften ihr ein Hörgerät, das aber nie seinen Zweck erfüllte. Die Geräte waren damals noch sehr groß und auch nicht ausgereift.
Gestorben ist meine Oma dann an einer Lungenentzündung und an Nierenversagen, so steht es jedenfalls im Totenschein.

Die Beerdigung fand in Kirchdorf statt.
Nach der Totenmesse, deren Verlauf meine Oma zu Lebzeiten genau aufgeschrieben hatte, zog ich den Sargwagen. Dabei hatte ich die Deichsel fest in meiner Hand. Meine Schwester und meine drei Cousinen schoben den Wagen jeweils an den vier Wagenecken.

Der Räder des Wagens knirschten und mahlten sich in den Kiesweg. Der Sarg mit meiner kleinen Oma erschien mir wuchtig, meine Beine wurden bleischwer und immer schwerer, meine Schritte immer kleiner und jeden Schritt musste ich mir fast erkämpfen. Vielleicht war es auch das Bewusstsein, dass dies für mich der letzte gemeinsame Weg mit meiner geliebten Oma war. Unter dem Geläut der Glocken vom Kirchturm begleitete ich meine Oma auf ihrem letzten Weg bis zum offenen Grab und gab ihr ein Gesteck aus Fichtenzweigen, Fichtenzapfen und einer roten Rose mit ins Grab.

Mit vielen Tränen habe ich mich von ihr verabschiedet und mit jeder Träne ein Danke in das offene Grab geweint. Sie hat nach einem arbeitsreichen Leben ihre friedliche Ruhe verdient.

Ihr Vermächtnis, meine Reflexion

Auch heute noch denke ich oft und gerne an meine Oma und es tauchen immer wieder Bilder aus meiner Zeit mit ihr in mir auf, schöne Bilder, frohe Bilder, glückliche Bilder.

Ich bin dankbar, dass ich meine ersten Lebensjahre durch ihre unglaubliche Güte und Wärme geborgen und frei erleben konnte. Ich bin dankbar, dass sie mir, sicher ganz unbewusst, so viel für mein eigenes Leben vorgelebt und mitgegeben hat.

Sie hat akzeptiert, wie ich war und wie es das Schicksal wollte, dass ich in ihre Obhut kam.
Sie hat mich nie „betütelt", bevormundet oder „als kleines Kindchen" behandelt. Sie hat mir in meinen ersten Lebensjahren eine ungetrübte, entspannte, schöne und glückliche Kindheit ermöglicht.

Das Beste, was meine Oma mir für das Leben mitgeben konnte, ist, was sie mir mit ihrer ruhigen, ausgeglichenen Art vorgelebt hat, die Natürlichkeit, Bescheidenheit und Zufriedenheit, das Vertrauen darauf, dass Probleme lösbar sind, und wenn nicht, dass man sie annehmen muss, ohne mit dem Schicksal zu hadern.

Dies alles hat mich stark fürs Leben, selbstständig, optimistisch, und mutig gemacht.

DANKE, liebe „Muata"-Oma!

Am Schluss soll ein Gedicht von Franz Ringseis stehen, das wohl die Lebenseinstellung meiner Oma treffend in Reime fasst:

Bloß a Woikal

A ganz a kloans Woikal
hot d Sonn vadeckt
und an See und as Vöikal
mim Schattn vaschreckt,

ois gaabs übahapt
koan lachadn Himme –
und dees is ja dees Schlimme,
dass mas glei glabt:

Kaam is da Himme triab,
kündt ma scho d Liab.
Geh, du Doikal,
is bloß a Woikal!

Wart a Wei!
S geht vo söiba vorbei.
Obsd as no lernst?
Nimms Woikal net ernst!

Einige Lieblingsrezepte aus der Küche meiner Oma

Bauernbratl mit gebratenen Erdäpfeln

Ein Bauernbratl mit gebratenen Erdäpfeln schmeckt einfach lecker.

750 g	Schweineschulter
500 g	Wurzelwerk
1	Knoblauchzehe
	Salz, Kümmel, Pfeffer
1 EL	Butterschmalz
100 ml	Wasser oder Gemüsebrühe
	zum Aufgießen
4	Erdäpfel

Das Fleisch gründlich mit Salz, Pfeffer, Kümmel und Knoblauch einreiben.
In einer Pfanne das Fleisch scharf auf beiden Seiten anbraten. Falls eine Schwarte vorhanden ist, diese längs und quer einschneiden, dann das Fleisch auf diese Seite in die Pfanne legen. Das geschnittene Wurzelwerk dazu geben.
Öfter aufgießen, ca. 120 Minuten und unter mehrmaligem Wenden entweder auf dem Herd oder im Backrohr braten lassen.

Etwa 60 Minuten vor dem Fertiggaren, Kartoffeln schälen, vierteln und in die Sauce geben. Die Sauce nicht passieren. Das Fleisch mitsamt dem Wurzelgemüse in der Sauce mit den Kartoffeln servieren.

Omas Kartoffelsalat

800 g	Erdäpfel
200 ml	Fleischbrühe (Gemüsebrühe)
1	Zwiebel
	Schnittlauch, Salz, Pfeffer
2 EL	Apfelessig
4 EL	Öl

Die Kartoffeln in der Schale ca. 20 - 30 Minuten gar kochen, heiß schälen und blättrig schneiden. Die Zwiebel fein schneiden und kurz in die kochende Brühe geben, damit sie nicht so hart sind. Die kochend heiße Brühe über die noch heißen Kartoffeln geben, das Öl und den Essig dazugeben, mit Salz und Pfeffer abschmecken, vorsichtig durchmischen, mit einem Deckel abdecken und den Salat mindestens eine Stunde ziehen lassen.
Dann den Schnittlauch hinzugeben, abschmecken und eventuell nachwürzen.

Eine dünn gehobelte frische Gurke macht den Kartoffelsalat noch saftiger.

Tiroler Gerstensuppe

Tiroler Gerstensuppe schmeckt nicht nur lecker, sie ist auch gesund.

Besonders beliebt ist diese kräftige Suppe in der kalten Jahreszeit. Sie besteht aus Rollgerste, Gewürzen, Kräutern und Selchfleisch. Am besten schmeckt dazu ein Bauernbrot. evtl. aufgepeppt mit einem dünnen Butter- oder Griebenfettaufstrich

80 g	Graupen (Rollgerste)
150 g	Speck
200 g	geselchtes Schweinefleisch (Wammerl)
1000 ml	Wasser
500 ml	Fleischbrühe/Gemüsebrühe
2	kleine Zwiebeln
2	Karotten
	Petersilienwurzel/Knollensellerie
4	Kartoffeln
1	Stange Lauch
2 EL	Mehl
	Salz, Pfeffer, Muskat
	evtl. 2 EL Rahm

Die Rollgerste in ein Sieb geben und kurz mit Wasser durchspülen, dann gut abtropfen lassen.

Den Speck würfeln und ausbraten, die Gerste kurz mitrösten. Das Selchfleisch dazu geben und mit Wasser und Fleischsuppe auffüllen. Zwiebeln, gelbe Rüben (Karotten), Petersilienwurzel, Sellerie und Erdäpfel schälen und würfeln. Den Lauch in Ringe schneiden. Alles in die Suppe geben, kräftig mit Salz und Pfeffer würzen und etwa 1 Stunde auf niedriger Stufe köcheln lassen.

Das Selchfleisch herausnehmen, klein schneiden und wieder in die Suppe geben. Das Mehl mit etwas Wasser und evtl. Rahm glatt rühren und die Suppe damit binden. Noch ein paar Minuten köcheln lassen und mit Salz, Pfeffer und Muskat abschmecken.

Tiroler Kässpatzen

Die deftigen Tiroler Kässpatzen gehören zu meinen absoluten Lieblingsspeisen.

Für den Spatzenteig
250 g   griffiges Mehl
3   Eier
5 g   Salz
50 ml   lauwarmes Wasser

Für die Kässpatzen
1 EL   Butterschmalz
1   Zwiebel, gewürfelt
100 g   geriebener oder zerbröselter Käse
             (Bergkäse / würziger Käse)

Zum Anrichten:
             Röstzwiebel
             Petersilie
             Salz und Pfeffer

Mehl, Eier, Salz und Wasser mit einem Holzlöffel zu einem Teig verarbeiten. Dabei nicht zu viel Wasser verwenden, der Teig soll zähflüssig sein. Den Teig durch ein Spatzensieb oder einen Spatzenhobel in kochendes Salzwasser drücken, einmal aufkochen lassen, abseihen und eiskalt abschrecken.

Eine Pfanne erhitzen und die gewürfelte Zwiebel in Butterschmalz hellbraun anrösten. Die Spatzen in die Pfanne geben und anrösten bis sie heiß sind. Den Käse unterheben und zerlaufen lassen. Die Kässpatzen mit Salz und Pfeffer abschmecken und mit Röstzwiebeln und Petersilie anrichten.

Ein Gläschen Obstler danach, ist nicht verkehrt, war aber nie Teil des Kässpatzen-Essens meiner Oma.

Blattln mit Sauerkraut

350 g	Roggenmehl
500 g	Kartoffeln
2 TL	Öl
2 TL	Salz
1	Ei
	Butterschmalz

Für die Blattln zuerst Kartoffeln kochen, schälen und durch eine Kartoffelpresse drücken. Etwas auskühlen lassen und dann Mehl, Öl, Salz und Ei dazugeben und kneten. Wenn der Teig zu weich ist, noch etwas mehr Mehl dazugeben.
Auf einem Brett ganz dünn gegen das Ankleben etwas Mehl verteilen und dann den Teig ausrollen und Rechtecke ausschneiden.

Im heißen Fett die Blattln beidseitig goldbraun herausbacken und auf Küchenpapier legen. Achtung, das Braunwerden geht sehr schnell, jede Seite braucht nicht länger als 1 - 2 Minuten.
Mit geschmolzenem Sauerkraut servieren.

Kaiserschmarrn

3 EL	Mehl
1 Prise	Salz
1 TL	Vanillezucker
	etwas Milch
3	Eier
	Butter
	Rosinen
1 EL	Zucker

Mehl, Vanillezucker, Milch und eine Prise Salz mit einem Schneebesen vermengen. Zu dem glatten Teig 3 ganze Eier hinzugeben. Die Butter in der Pfanne erhitzen, den Teig hinzufügen und mit Rosinen verfeinern. Mit geschlossenem Deckel den Schmarrn in der Pfanne von beiden Seiten ausbacken.

Den Schmarrn zerkleinern, mit Zucker bestreuen und diesen leicht karamellisieren lassen und servieren. Dazu Zwetschgenröster.

Zwetschgenröster

1 kg	Zwetschgen
150 g	Zucker
125 ml	Wasser oder Apfelsaft
2	Gewürznelken
1	Saft von 1 Zitrone
1	Zimtrinde

Für den Zwetschgenröster zuerst Zucker, Zitronensaft, Zimtrinde und Gewürznelken im Wasser oder Apfelsaft aufkochen.

In der Zwischenzeit die Zwetschgen waschen, entkernen und halbieren

Danach die Zwetschgenstücke ins kochende Wasser geben und zugedeckt weichdünsten.

Die Gewürze entfernen und das Kompott auskühlen lassen, eventuell mit Zucker und Zitronensaft abschmecken und kalt servieren oder in heiß ausgespülte Gläser füllen.

Tiroler Apfelkiachl

Tiroler Apfelkiachl schmecken einfach köstlich.

100 g	Mehl
1	Ei
1	Prise Salz
30 g	Zucker
80 ml	Milch
4	Äpfel
6 EL	Öl oder Butterschmalz
	Puderzucker zum Bestreuen

Zuerst Mehl, Eier, Zucker, Milch und Salz zu einem dicklichen Teig verrühren. Dann die Äpfel waschen, schälen, das Gehäuse mit einem Apfelausstecher entfernen und in Ringe schneiden.

Nun die Ringe in den Teig tauchen. Öl oder Butterschmalz in einer Pfanne erhitzen und die Ringe bei mittlerer Hitze langsam goldbraun braten.

Blaubeernocken

250 g	Blaubeeren
2	Eier
1 EL	Zucker
250 ml	Milch
100 g	Mehl
2 EL	Butterschmalz
4 EL	Puderzucker

Zucker, Milch, Eier und Mehl mit einem Schnee-besen gut vermengen. Dann die Blaubeeren un-terheben.

Das Butterschmalz in einer heißen Pfanne schmelzen lassen. In die Pfanne nun je einen Ess-löffel von der Teigmasse geben und flach drü-cken. Von beiden Seiten braun anbraten. Aus der Pfanne nehmen.

Die fertigen Blaubeernocken mit etwas Puderzu-cker bestreuen und genießen.

Hollerküchlein

12 - 15	frische Holunderblütendolden
200 g	Weizenmehl
2	Eier getrennt
2 TL	ÖL
250 ml	Milch,
1 Prise	Salz
	Butterschmalz
	Zucker mit Zimt oder Vanillezucker

Vorbereitung:
Die frischen Blütendolden möglichst nicht waschen sondern leicht ausschütteln, damit evtl. Käfer herausfallen.

Aus dem gesiebten Mehl, Eigelb, Öl, Milch, Salz einen Teig rühren. Den Eischnee schlagen und unterziehen. Die Blütendolden in den Backteig tauchen und in schwimmendem Fett ausbacken und dann abtropfen lassen.
Mit Zucker, Zimt oder Vanillezucker bestreuen.

Hollerküchlein:
Mit der Schere schneide ich den dicken Stiel ab.

Einfaches Hollerkoch

500 g	Gramm Hollerbeeren
	1 Apfel oder 1 Birne
250 ml	Wasser oder Apfelsaft
125 g	Zucker
	1 Zimtstange
	etwas Stärkemehl

Apfel oder Birne waschen, schälen, Kerngehäuse entfernen, in Spalten schneiden

Holunderbeeren waschen, mit einer Gabel von den Stielen streifen, in einen Topf geben und mit 1/4 Liter Wasser oder Apfelsaft, Zucker, Zimt, ca. 20 Minuten kochen. Nach ca. 10 Minuten den Apfel oder die Birne dazugeben, weitere ca. 10 Minuten zugedeckt köcheln, dann mit dem angerührten Stärkemehl binden und kurz aufkochen lassen.

Teil 6

Anhang

*1)

Weil in Berlin die Bombenangriffe während des Zweiten Weltkriegs zunahmen und die Versorgungsprobleme immer größer wurden, evakuierte man bis Kriegsende die meisten Kinder in ländliche Gebiete.

Hunderttausende Berliner waren obdachlos. In den Bezirken Berlin Mitte und Tiergarten waren mehr als 50 % der Wohnungen total oder schwer zerstört.

In der Nacht vom 22. zum 23. November 1943 wurde die Kaiser-Wilhelm-Gedächtniskirche getroffen.

*2)

Paul Joseph Goebbels war einer der einflussreichsten Politiker während der Zeit des Nationalsozialismus und einer der engsten Vertrauten Adolf Hitlers. Als Gauleiter von Berlin ab 1926 und als Reichspropagandaleiter ab 1930 hatte er wesentlichen Anteil am Aufstieg der NSDAP in der Schlussphase der Weimarer Republik.

*3)

Die Belagerung von Bastogne fand im Dezember 1944 statt und war ein Teil der Ardennenoffensive. Ihr Ziel war es, den Hafen von Antwerpen zu erreichen. Um dorthin zu gelangen, bevor die Alliierten ihre Truppen reorganisieren und ihre Luftüberlegenheit einsetzen konnten, mussten die deutschen Panzertruppen die Straßen durch Ostbelgien in ihren Besitz bringen.
Bei der Ardennenoffensive waren etwas über eine Million Soldaten beteiligt.
Es war die größte Landschlacht des Zweiten Weltkrieges; etwa 40.000 Tote machten die Schlacht zur blutigsten des ganzen Krieges.
Der deutsche Soldatenfriedhof Recogne-Bastogne liegt in der Nähe der belgischen Stadt Bastogne.

*Grabsstein
für Günther Hintze
Soldatenfriedhof
von Bastogne*

*4)

Hoek van Holland ist heute ein Stadtbezirk von Rotterdam, hat sich aber den Charakter eines kleinen Küstenstädtchens und Badeorts bewahrt. Es liegt in Südholland an der Hauptmündung des Rheins.

*5)

alle Rezepte ab Seite 137

*6)

„Ranken" sind armdicke Äste, die beim Holzfällen anfallen. Die Bauern brauchten nur das Stammholz der Fichten, die Äste wurden vom Stamm abgetrennt. Meine Oma hackte dann von diesen „Ranken" die kleineren Zweige ab und zerteilte sie in etwa 30 cm lange, ofengerechte Stücke, die man vorher auch gut zum Trocknen aufstapeln konnte. Da die Hänge im Bergwald manchmal sehr steil sind, Wege für einen Leiterwagen gab es nicht, mussten diese Ranken mit einer Kraxe*7 heruntergetragen werden. Gehackte Holzscheite konnte sich meine Oma nicht leisten, und selbst Stammholzklötze zu hacken, war für die kleine Frau zu schwer, so blieb nur das Hacken dieser Äste, um den Ofen zu schüren zum Kochen und Heizen.

*7

„Kraxe" ist eine Rückentrage aus Holz, manchmal auch ein geflochtener Korb (Huckelkorb),
mit zwei Tragegurten über den Schultern

*8)

Die Richtlinien in Bayern für die Durchführung
der Schulspeisung vom 17. April 1947, die von
der amerikanischen Sieger- und Besatzungsmacht getragen und beliefert wurde: „Zum emp-
fangsberechtigten Personenkreis zählen alle
schulpflichtigen Kinder im Alter von 6 bis 18 Jahren nach ärztlichem Gutachten. Kinder von
Selbstversorgern sind nicht teilnahmeberech-
tigt." Etwa 20 % der untersuchten Kinder wurden
als unterernährt eingestuft. Die Schulspeisungen
dauerten bis etwa 1950/51.

*9

Nach Beendigung des Zweiten Weltkriegs gaben
die Alliierten Besatzungsmächte in ihren jeweili-
gen Sektoren neue Lebensmittelmarken (auch
Nährmittelkarten genannt) aus, die entsprechend
der Schwere der Arbeit in Verbrauchergruppen
(Kategorien) von I bis V eingestuft wurden.
Was bekam man für die Lebensmittelmarken?
Die Hauptnahrungsmittel waren Brot, Mehl,
Fleisch, Fett, Zucker, Kartoffeln, Salz, Bohnen-
kaffee und Tee. Aber nicht immer war auch alles

da. Die Menschen informierten sich wöchentlich über Aushänge, was denn überhaupt zugeteilt wurde.

Grundsätzlich ging man davon aus, dass jeder Deutsche durchschnittlich 1500 Kalorien pro Tag bräuchte. In Wirklichkeit gab es weniger. Im schlimmen Hungerwinter 1946/1947 kamen viele Menschen gerade auf die Hälfte der Kalorienzahl.

Totenzettel sind einfache oder gefaltete gedruckte kleine Zettel meist mit einem Bild und den wichtigsten Lebensdaten eines Verstorbenen, die in der Regel im Rahmen des Requiems an die Trauergäste verteilt werden. Der Brauch war im 19. Jahrhundert im gesamten katholischen Europa verbreitet und wird regional immer noch gepflegt.

*11

Gatzl
Schöpfkelle, meist aus Holz geschnitzt, mit langem Henkelstiel zum Herausmessen der Milch (Halbliter- und Litergatzl) bzw. zum Wasserschöpfen aus dem Wasserschiff am Herd.

*12

Hiefl
Das Hiefln ist eine uralte Methode, um bei unsicheren Wetterverhältnissen hochwertiges Heu in den Stadel zu bringen. Der Hiefl selbst ist ein entrindeter, Fichtenwipfel bei dem die Äste auf kurze Stummeln geschnitten und an beiden Enden angespitzt werden. Ein mittlerer Bauernhof hatte davon bis zu 600, einige hatten über 1000 Stück.
Die Hiefl werden nun auf der Wiese in einer Reihe mit einigen Metern Abstand in den Boden

gesetzt. Zum Vorschlagen der Löcher dient eine Eisenstange, die sogenannte Hieflstange. Das Heu wird nun auf den unteren Zurken meist von den Frauen um den Hiefl geschlungen. Diesen Vorgang nennt man "odrahn". Am oberen Teil wird das Heu mit der Gabel meist von den Männern aufgeschlagen.

Da das Regenwasser an der Außenseite des Hiefl abrinnt, wird diese braunrot, während das Innere des Hiefls grün bleibt oder gut belüftet trocknet und in gutem Zustand bleibt. So kann ein Hiefl bis zu drei Wochen auf der Wiese stehen, ohne dass ein Qualitätsverlust des Heus eintritt.

*13

Schmuser

Vermittler von Handelsgeschäften (Maklerwesen, Viehhandel, Heiratsvermittlung, Dienstbotenvermittlung). Oft wird der Person, in der Regel männlich, Schläue, Durchtriebenheit, Kriechertum und Geschäftstüchtigkeit nachgesagt.

Danksagung

An dieser Stelle danke ich meiner Familie für die Unterstützung beim Schreiben dieses Buches. Meine Tochter Birgit hat mich bestärkt, diese Erinnerungen aufzuschreiben und in eine Buchform zu bringen.

Mein Mann, dem ich alle Begebenheiten erzählen konnte, hat mir immer zugehört und durch weitere Fragen manch verschüttete Erinnerung wieder hervorgeholt. Außerdem war er ein kritischer Leser meiner Texte.

In Gesprächen mit meiner Cousine Greti Schmid, die noch in Kirchdorf wohnt, konnte ich viele Begebenheiten wieder in Erinnerung rufen.

Ein Danke schicke ich auch zu meiner Freundin Anneliese Küspert für ihre Unterstützung mit guten Gesprächen.

Und für die Gestaltung des Covers und für die Aufbereitung in Druckqualität gebührt meiner Tochter Birgit ein besonderer Dank. Ohne sie wäre dieses Büchlein nicht entstanden.

Manch schlechte Qualität der Bilder ist trotz Bearbeitung ihrem Alter zuzuschreiben. Aber ich wollte sie trotzdem einfügen.

Kontakt

Bärbel Kießling
kiessling.mak@t-online.de
www.kunst-die-bewegt.de